小中社会科の授業づくり

編著
澤井陽介
SAWAI Yosuke
唐木清志
KARAKI Kiyoshi

東洋館出版社

はじめに

本書のサブタイトルに「社会科教師」という言葉を使っていますが、小学校の先生は全科担当で中学校の先生とは立場が異なります。しかし、いったん社会科の授業づくりや教材研究の話になると、小学校の先生と中学校の先生が同じように熱い議論を交わす場面をこれまで幾度となく見てきました。

本書は、こうした場面に触発され、校種が異なっても同じ「社会科」の魅力に引き寄せられた先生方が、力を合わせて社会科を活性化させたり発展させたりすること、そのきっかけの一つとなってくれることを願って上梓しました。

一方で、小学校社会科と中学校社会科について全く同じ土俵で語ることには困難な面があります。それが小・中学校の心理的距離になっていることも事実です。

そこで本書では、まずは小学校社会科と中学校社会科のそれぞれの特質を踏まえ、違いを確認したうえで、共存・共栄する方向を模索するようにしています。小学校の先生方は小学校だけでなく中学校の先生方の原稿部分も読んでみてください。中学校の先生方も小学校の先生方の原稿部分を読んでみてください。そのうえで、互いの経験を基に

「もっとこうしたらどうか」などと改善案を考えてみてください。

このように、本書は何か定まった考え方を論理的に伝えたり、巧みな指導法のノウハウを具体的に伝えたりする本ではありません。まずは、小・中学校の先生方が少しずつでも、お互いの「考え方」「取り組み方」「大切にしていること」などを知り合い、理解し合うことからはじめ、今後の方向を一緒に考えていただくことを願って作成しています。

このような趣旨から、学校の教育現場をよくご存じの先生方、社会科の教育実践を代表する力のある先生方にお集まりいただきました。また、執筆いただくだけでなく、特に中学校の内容についてはトークセッションなどを行いながら現実的な意見、いわゆる「生の声」を聞きながら作成しています。そのため、他の多くの書籍とは異なり構成が若干独特で、読みにくさを感じることもあるかもしれませんが、何卒ご容赦ください。

本書が、小学校社会科を愛する先生方と中学校社会科を愛する先生方の出会いの場となり、新たな対話や磨き合い、協働した研究・研修のきっかけ、その一助となることを執筆者全員が心より祈念しております。

令和3年8月吉日　国士舘大学　澤井 陽介

第3章 中学校編

第4章 社会科授業で大切なこと

第5章　小・中学校社会科が共に発展するための鍵

第1章 小学校社会科と中学校社会科を考察する

資料 1　小学校

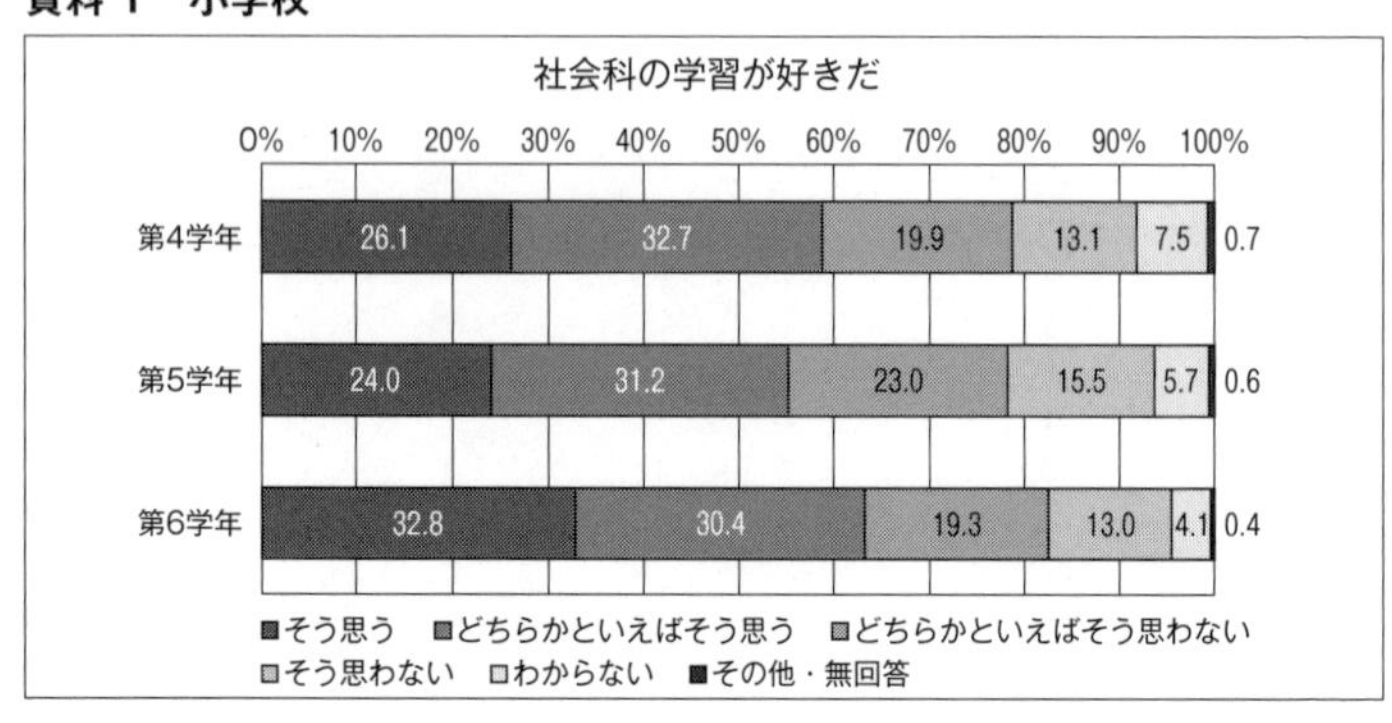

社会科授業に対する「意識調査」の結果から分かること

1　児童・生徒の意識

資料1～14は、国立教育政策研究所が実施した「学習指導要領実施状況調査」（小学校は平成24年度、中学校は平成25年度）のうちの「社会科」に対する児童・生徒の質問紙調査（対象：児童１１１、７９７名、生徒１７０、２１４名）の結果です。

資料１、２の「社会科の学習が好きだ」への回答については、小・中学校間で大きな差はなく、肯定的な回答が半数強にのぼります。しかし、裏を返せば、３～４割は好きではないことも分かります。

資料３、４の「社会科の学習をすれば、ふだんの生活や社会に出て役立つ」と回答した児童・生徒は、小学校で約８割、中学校で約６～７割と比較的高い結果です。

資料２　中学校

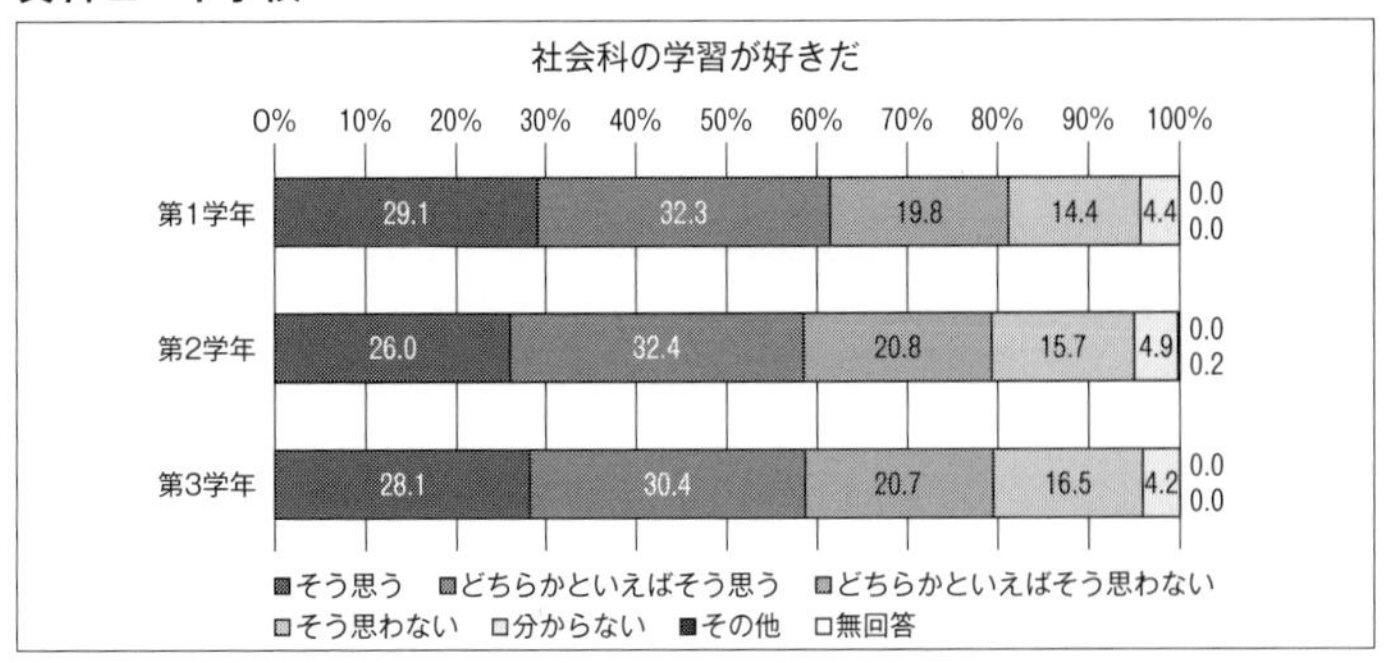

資料３　小学校

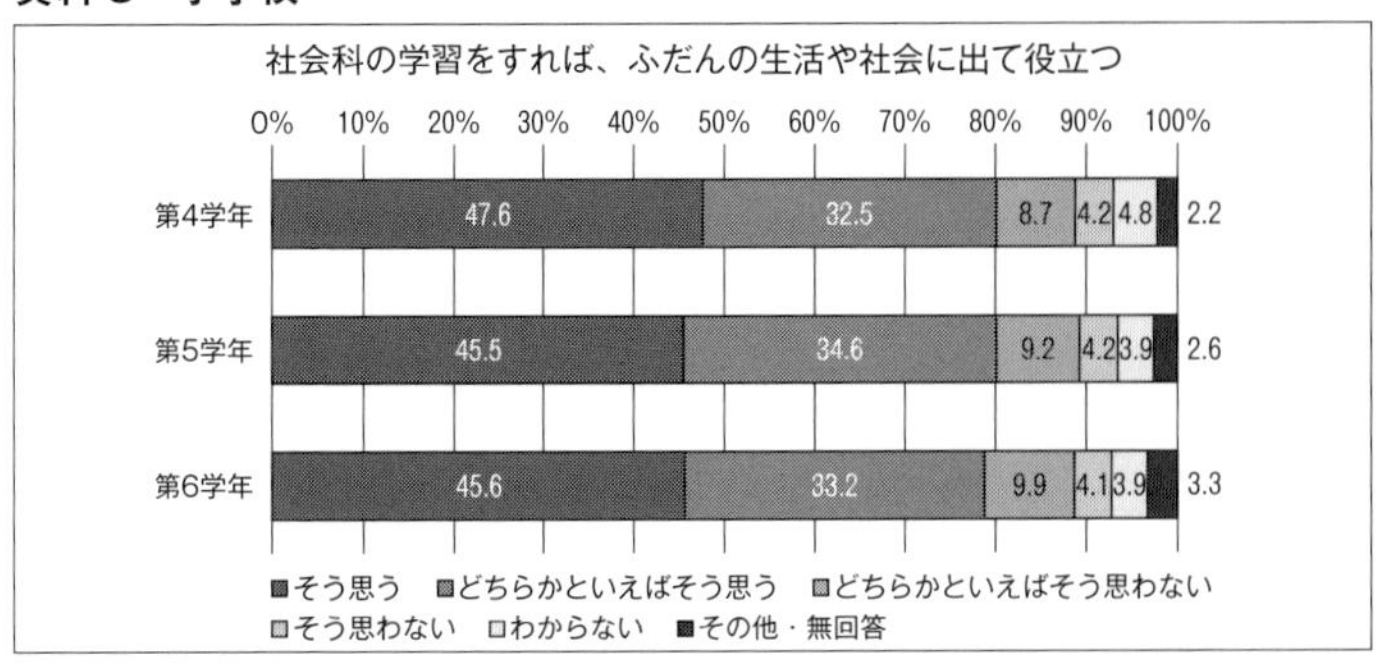

資料４　中学校

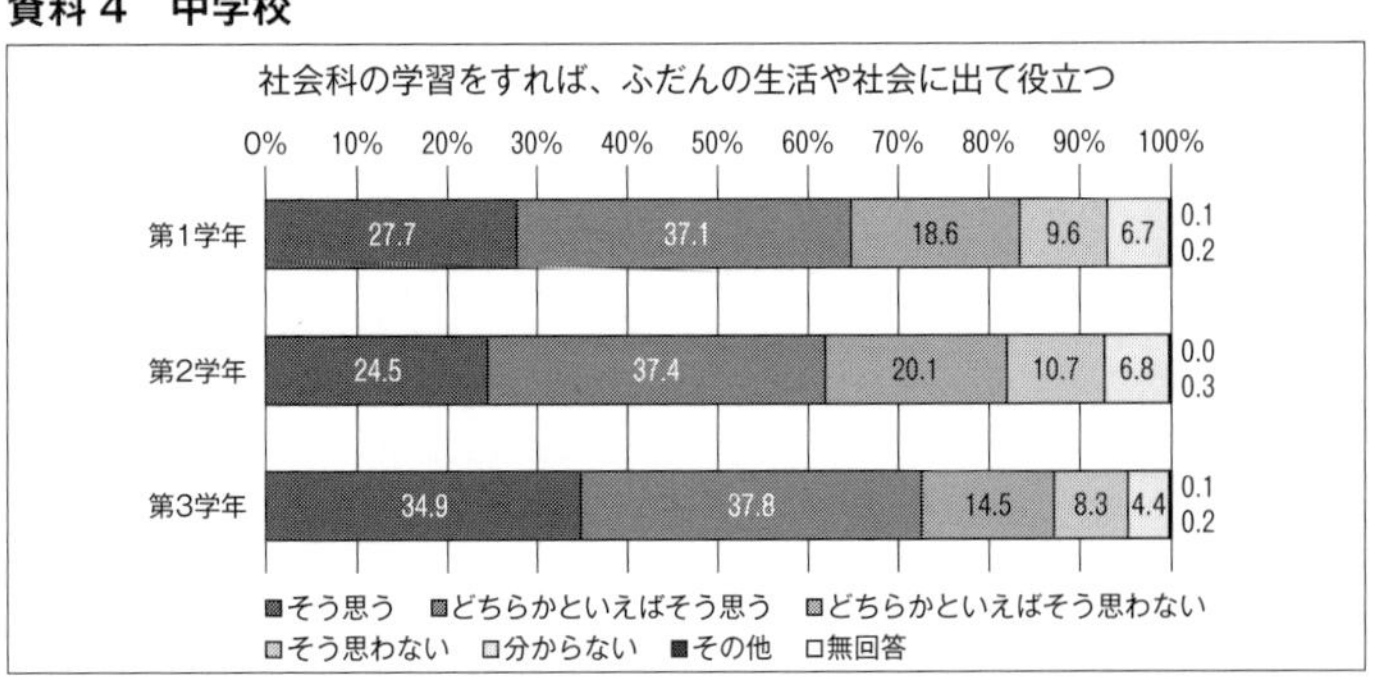

資料５　小学校

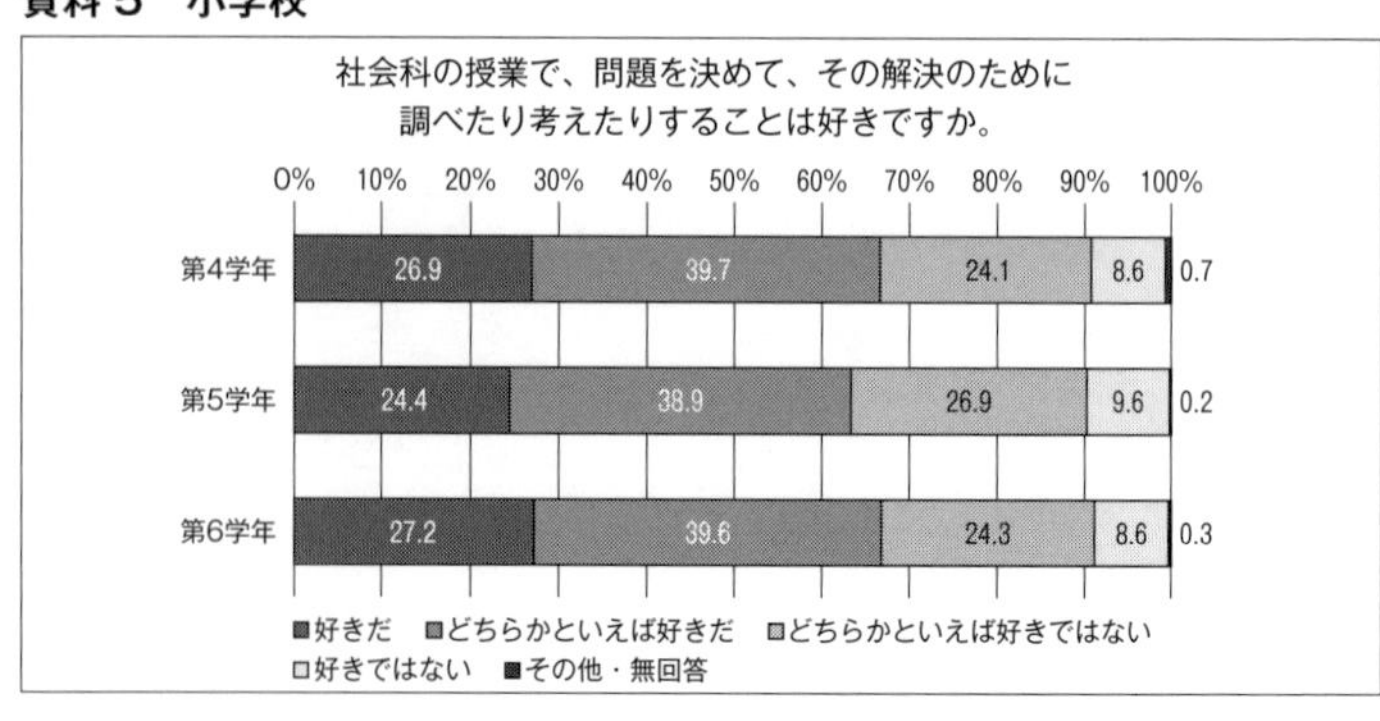

これは、「社会科」という教科がもともともっている特性にかかわることであることから、ある意味当然だとも言えるでしょう。

ただし、発達の段階として実社会により近い中学校のほうが数字が低いという点は気になります。小学校が地域学習、安全や環境など日常生活に密着した内容が多いことが、数字の違いとなって現れているのかもしれません。

資料５、６の問題解決的な学習や課題解決的な学習に対する回答については、小・中学校ともに半数以上の児童・生徒が肯定的に回答しています。

好きではない児童・生徒の理由としては、小・中学校で共通していて、資料で調べること、友達と話し合うことなどが苦手という回答が多くなっています。

資料７、８の「社会科の授業がどの程度わかるか」については、小学校では７割前後が肯定的な回答であり、中学校では５割前後が肯定的な回答となっています。

資料６　中学校

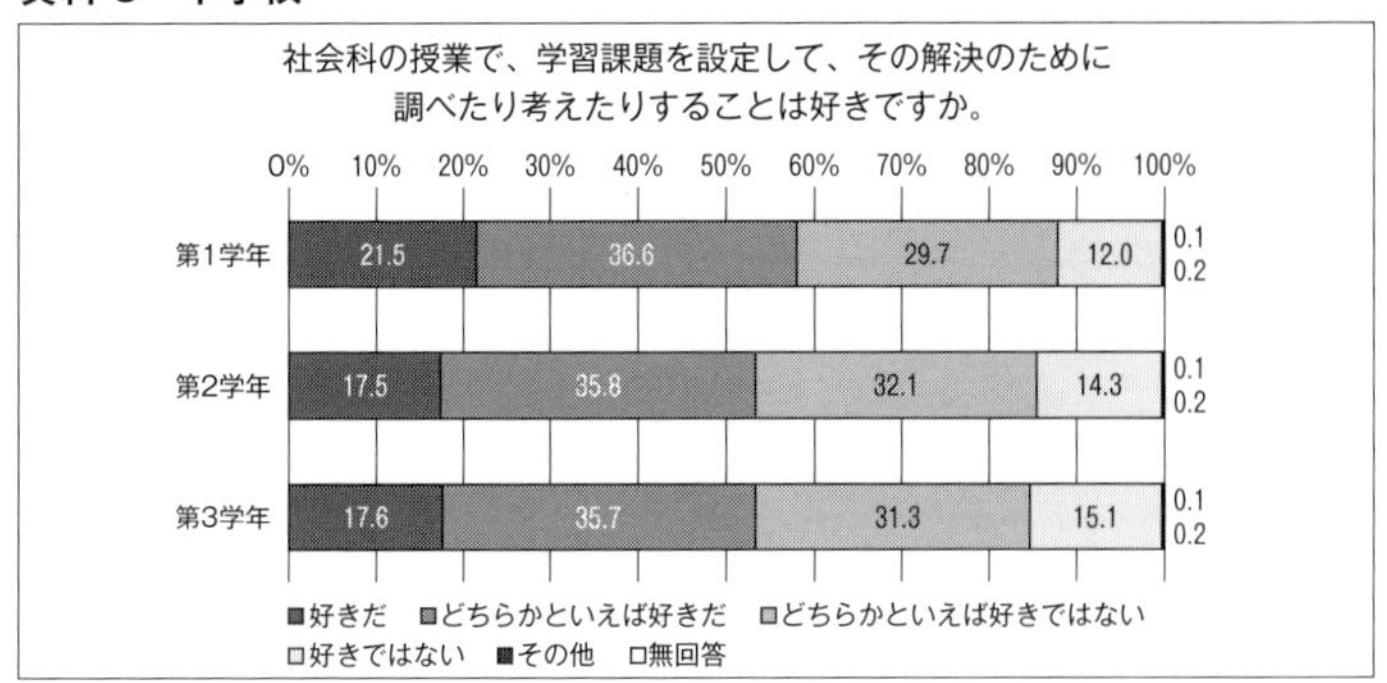

資料７　小学校

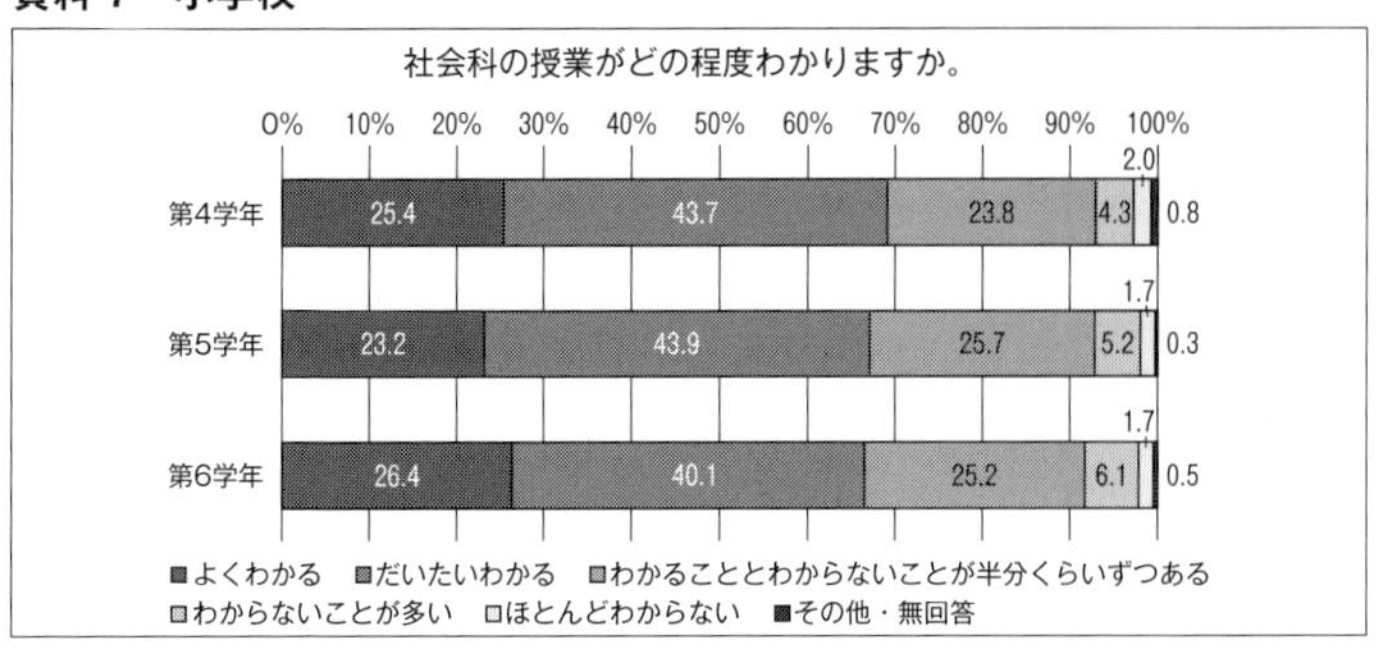

資料８　中学校

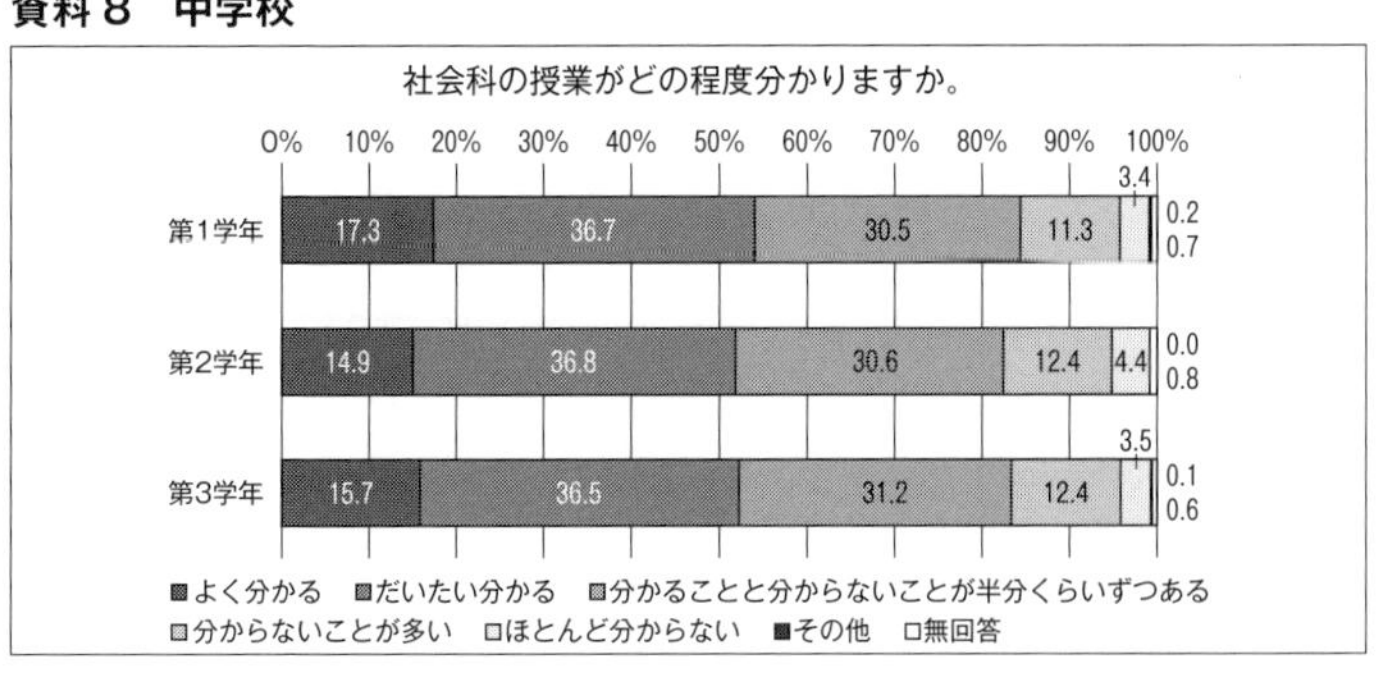

資料９　小学校

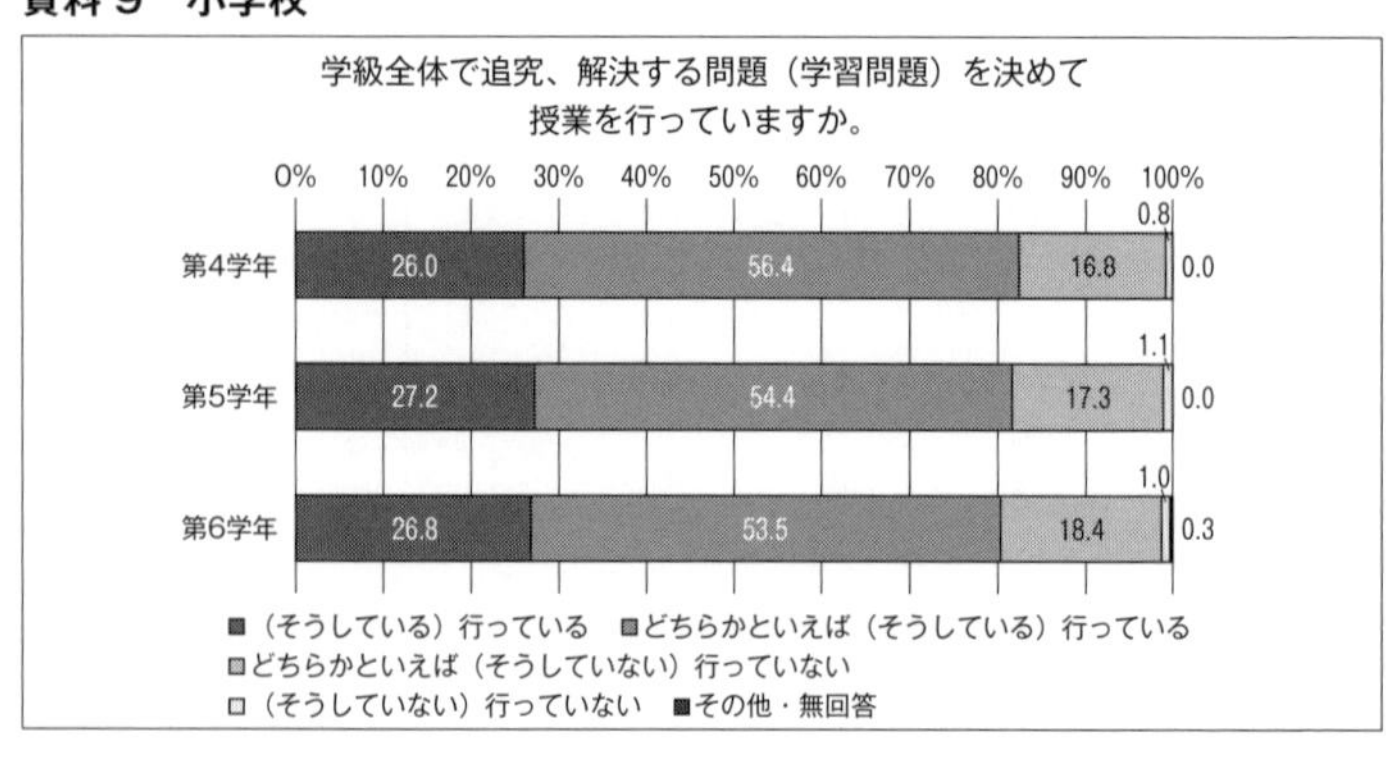

「わからない」と答えている小学校の児童が６〜８％であるのに対し、中学校の生徒は15〜17％にのぼるなど、１割ほど多くなっています。

２　社会科授業に対する教師の意識

今度は、「教師の意識調査」の結果を見てみましょう（対象：小学校教師３、０８０名、中学校教師５、４４２名）。

資料９、10の「問題解決（課題解決）的な学習を取り入れた授業を行っているか」については、小学校で約８割、中学校約７割の教師が肯定的に回答しています。

この結果から、問題解決、課題解決の授業への意識は高いとも捉えられますが、「行っている」と言い切った割合は小・中学校ともに２割強なので、決して高くはないとも言えそうです。

資料11、12の「児童・生徒が予想に基づいて調べる計画を立てる、自分で資料や情報を探して調べるよう

資料 10　中学校

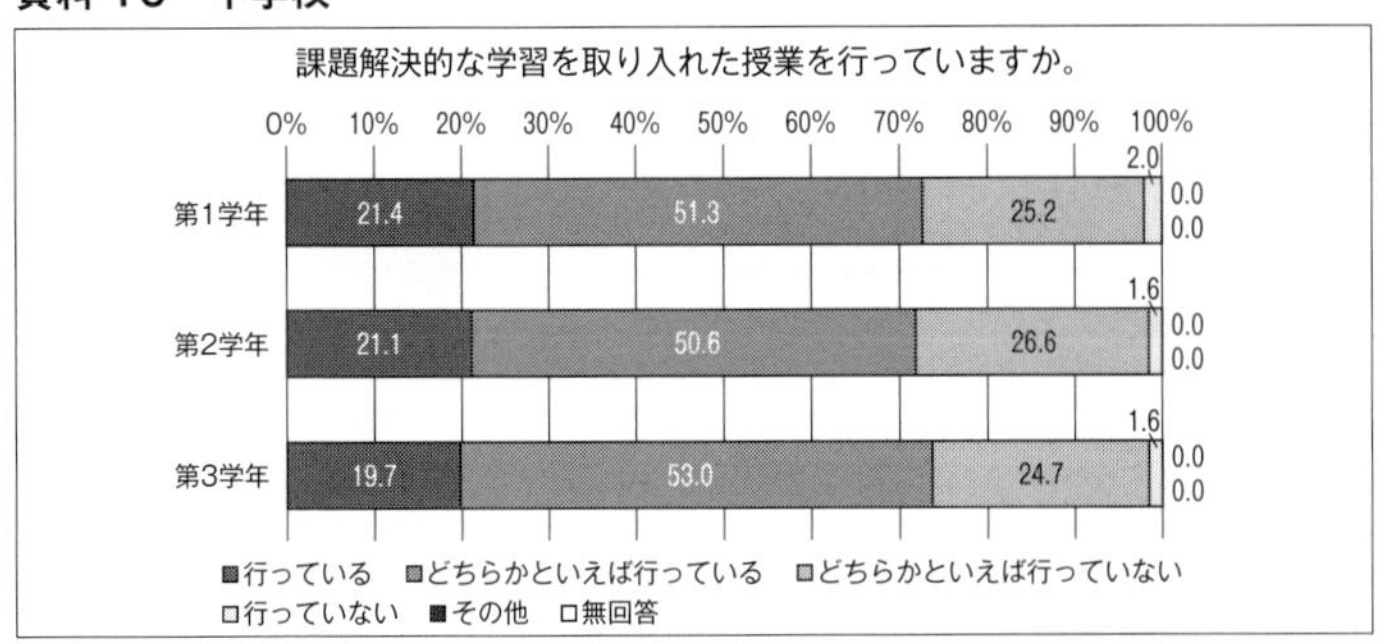

資料 11　小学校

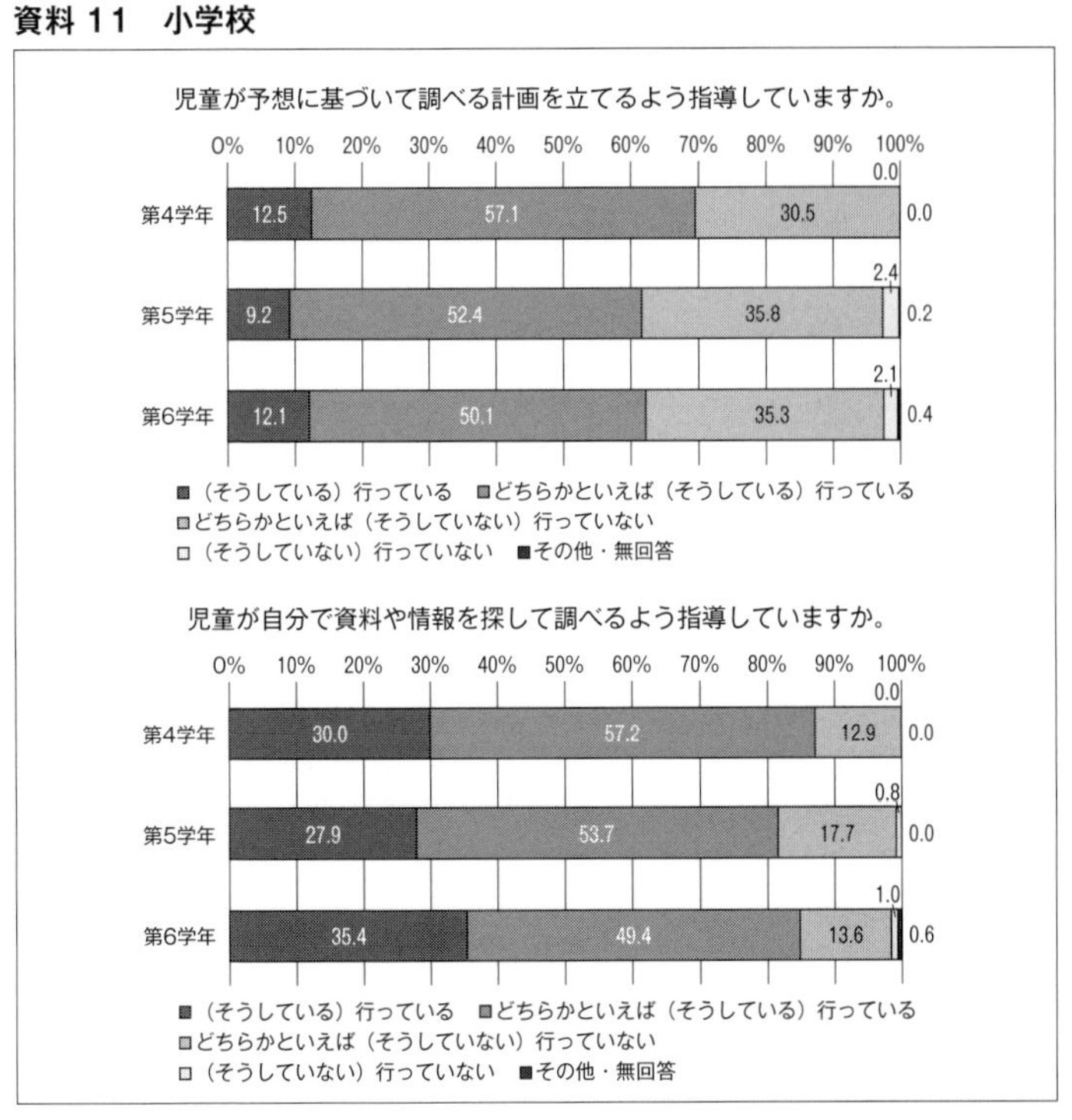

資料 12　中学校

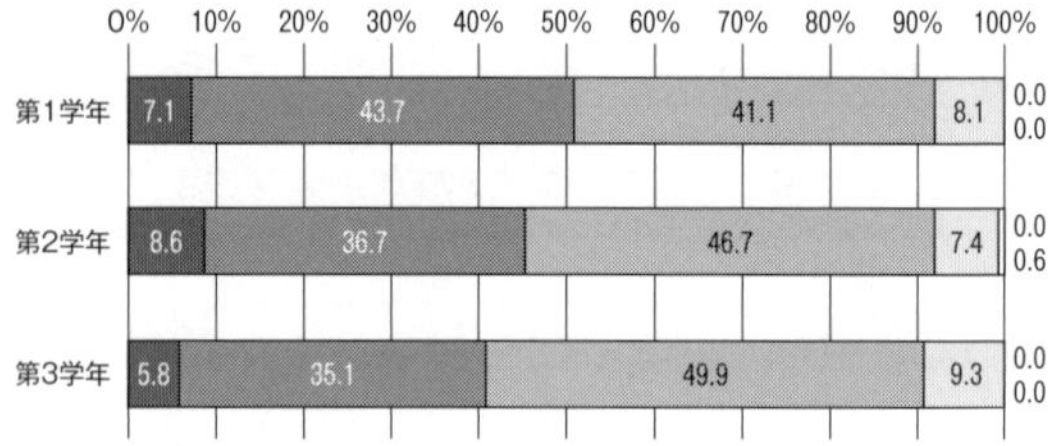

生徒が自分で資料や情報を探して調べるよう指導していますか。

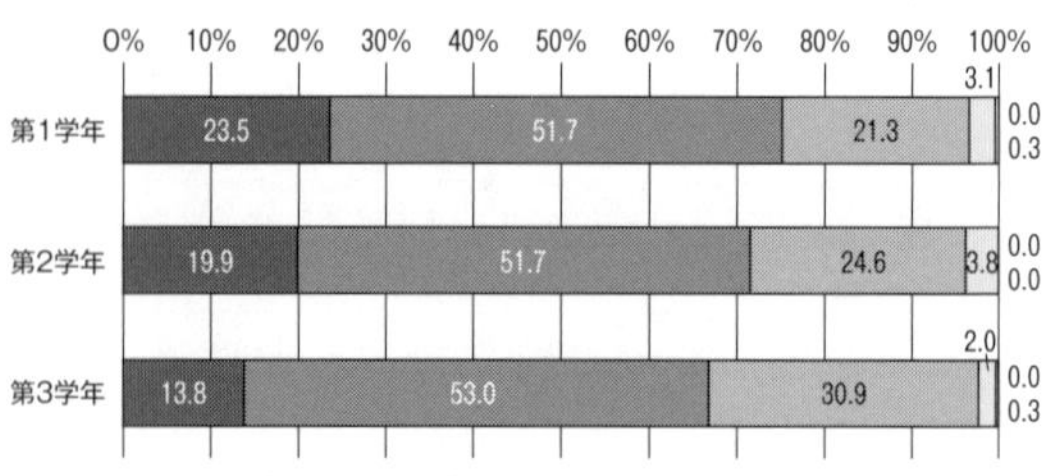

指導しているか」への回答をまとめて紹介すると、小・中学校でやや違いが現れました。

小学校では予想（6割前後）、資料収集（8〜9割）を重視しているのに対して、中学校では予想（4〜5割）、資料収集（7割前後）でした。特に「そうしている」と言い切っている回答の割合の違いが目立ちます。

問題解決と課題解決は、子供の主体性への意識の違いがあるのでしょうか。

資料13、14の「討論する授業を行っているか」について

資料 13　小学校

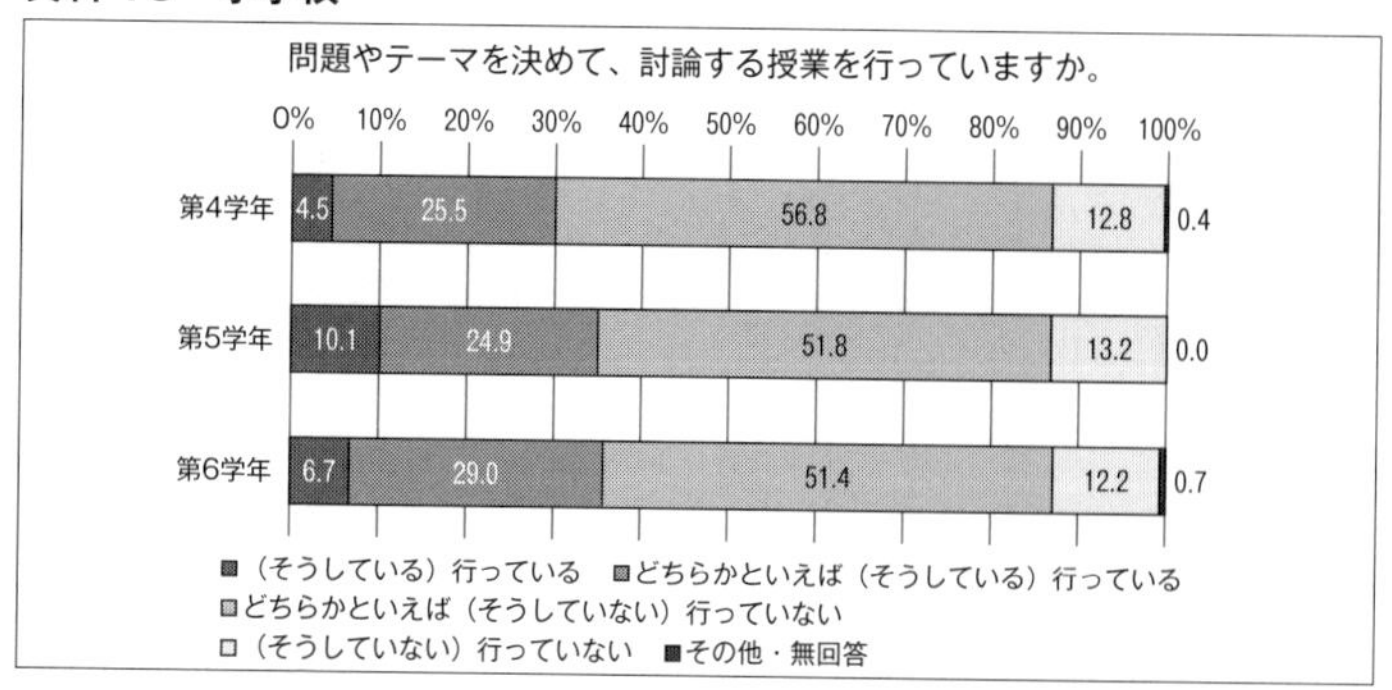

資料 14　中学校

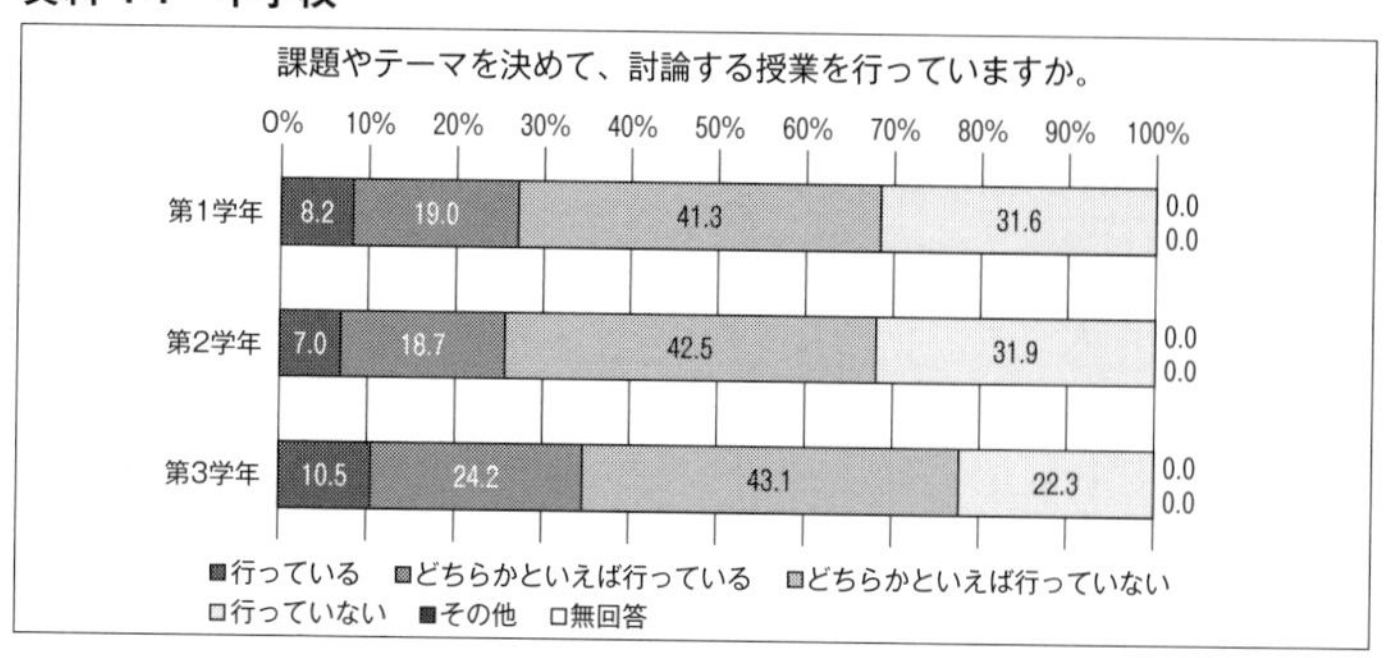

は、小学校で3割強、中学校で3割前後が肯定的に回答しています。討論の形式や論題（討論内容）などが異なることが想定されますが、中学校のほうがやや少ない点が気になります。

以上、これらの意識調査結果は小・中学校社会科の特質や違いを考えるうえで貴重なデータとなるはずです。本書のなかでも考えていきたいと思います。そこでまず学習指導要領の改訂を振り返ってみます。

（澤井　陽介）

学習指導要領から読み解く小・中学校社会科の特質と接続

1　目標や見方・考え方の系統性

みなさんは平成29年に告示された学習指導要領で、小学校社会科と中学校社会科の目標が整理され、育成を目指す資質・能力が、はっきりつながったことをご存じですか（資料15、16）。

〈つなげる意図を明確にして改訂された目標のポイント〉

●三つの資質・能力の柱に整理し、「広い視野に立ち」という文言で分野別の内容構成や「多面的・多角的な考察」など中学校の特質を明示した。

●能力に関する目標について、「多角的に考え」（小）→「多面的・多角的に考察し」（中）、「社会への関わり方を選択・判断」（小）→「解決に向けて選択・判断」（中）、「表現する」（小）→「説明…議論…する」（中）などと接続・発展を具体的に描いた。

●中学校の態度に関する目標に「我が国の国土や歴史を愛する心情」を加え小学校とつなげた。

資料15　小学校学習指導要領社会科「教科目標」

社会的な見方・考え方を働かせ、課題を追究したり解決したりする活動を通して、グローバル化する国際社会に主体的に生きる平和で民主的な国家及び社会の形成者に必要な公民としての資質・能力の基礎を次のとおり育成することを目指す。

(1)　地域や我が国の国土の地理的環境、現代社会の仕組みや働き、地域や我が国の歴史や伝統と文化を通して社会生活について理解するとともに、様々な資料や調査活動を通して情報を適切に調べまとめる技能を身に付けるようにする。

(2)　社会的事象の特色や相互の関連、意味を**多角的に考え**たり、社会に見られる課題を把握して、その解決に向けて**社会への関わり方を選択・判断**したりする力、考えたことや選択・判断したことを適切に**表現する**力を養う。

(3)　社会的事象について、よりよい社会を考え主体的に問題解決しようとする態度を養うとともに、多角的な思考や理解を通して、地域社会に対する誇りと愛情、地域社会の一員としての自覚、我が国の国土と歴史に対する愛情、我が国の将来を担う国民としての自覚、世界の国々の人々と共に生きていくことの大切さについての自覚などを養う。

資料16　中学校学習指導要領社会科「教科目標」

社会的な見方・考え方を働かせ、課題を追究したり解決したりする活動を通して、広い視野に立ち、グローバル化する国際社会に主体的に生きる平和で民主的な国家及び社会の形成者に必要な公民としての資質・能力の基礎を次のとおり育成することを目指す。

(1)　我が国の国土と歴史、現代の政治、経済、国際関係等に関して理解するとともに、調査や諸資料から様々な情報を効果的に調べまとめる技能を身に付けるようにする。

(2)　社会的事象の意味や意義、特色や相互の関連を**多面的・多角的に考察し**たり、社会に見られる課題の解決に向けて**選択・判断**したりする力、思考・判断したことを**説明したり、それらを基に議論したりする**力を養う。

(3)　社会的事象について、よりよい社会の実現を視野に課題を主体的に解決しようとする態度を養うとともに、多面的・多角的な考察や深い理解を通して涵養される**我が国の国土や歴史に対する愛情**、国民主権を担う公民として、自国を愛し、その平和と繁栄を図ることや、他国や他国の文化を尊重することの大切さについての自覚などを深める。

資料 17　社会的な見方・考え方

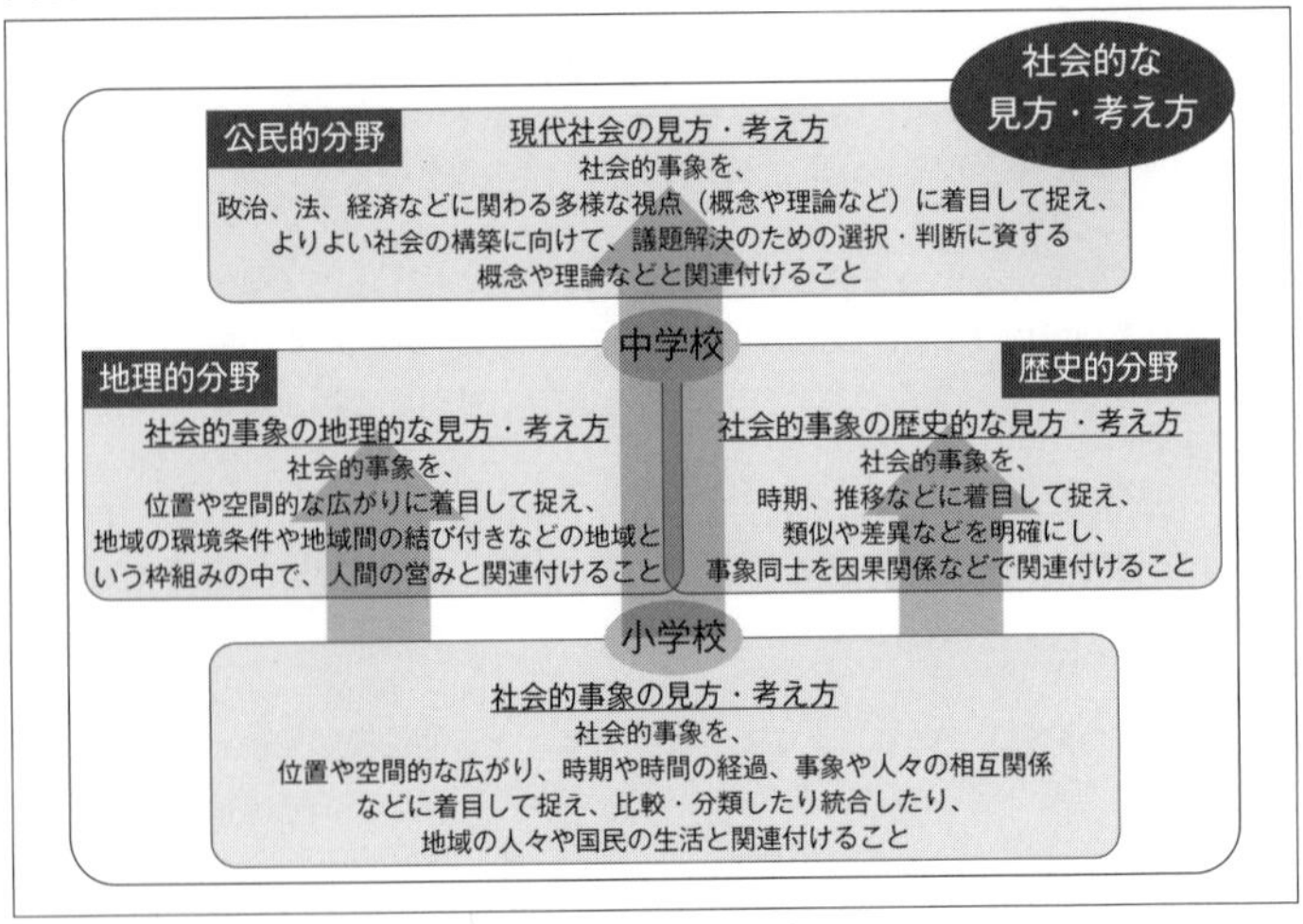

社会的な見方・考え方

公民的分野
現代社会の見方・考え方
社会的事象を、
政治、法、経済などに関わる多様な視点（概念や理論など）に着目して捉え、
よりよい社会の構築に向けて、課題解決のための選択・判断に資する
概念や理論などと関連付けること

中学校

地理的分野
社会的事象の地理的な見方・考え方
社会的事象を、
位置や空間的な広がりに着目して捉え、
地域の環境条件や地域間の結び付きなどの地域という枠組みの中で、人間の営みと関連付けること

歴史的分野
社会的事象の歴史的な見方・考え方
社会的事象を、
時期、推移などに着目して捉え、
類似や差異などを明確にし、
事象同士を因果関係などで関連付けること

小学校
社会的事象の見方・考え方
社会的事象を、
位置や空間的な広がり、時期や時間の経過、事象や人々の相互関係
などに着目して捉え、比較・分類したり統合したり、
地域の人々や国民の生活と関連付けること

こうした動きは、目標のみにとどまらず、「深い学び」の「鍵」とされる「見方・考え方」についても、それまでの教科や分野の特質を踏まえ、次のようにつなげて示されました。

小学校では「社会的事象の見方・考え方」、中学校では「社会的事象の地理的な見方・考え方」「社会的事象の歴史的な見方・考え方」「現代社会の見方・考え方」として整理し、これらを合わせて「社会的な」という方向付けをした(資料17)。

このことから分かるように、小学校と、中学校の地理的分野、歴史的分野では、社会的事象すなわち社会における物事や出来事をどのように見るか、考えるかという「捉え方のアプローチ」として示し、社会科の完成形としての公民科で、「(現代)社会の見方・考え方」が「社会的な」ものに成長していくことを期待しているのです。

こうした小・中学校の接続・発展のための整理が行われたのは、学習指導要領発足以来、初と言ってよいでしょう。まずは、こうした前提をしっかり捉えてみましょう。

2 内容の接続・発展

では、内容についてはどうでしょうか。次頁の**資料18**は、『小(中)学校学習指導要領解説 社会編』の巻末に参考資料として掲載された「小・中学校社会科における内容の枠組みと対象」です。

このような小・中学校社会科の内容の整理についても、これまではあまり行われてきませんでした。その背景には、次のような指摘や懸念があったことが考えられます。

● 小学校と中学校の内容をつなげると、小学校の内容が中学校の基礎となり、勢い「地理」「歴史」「公民」に分けられ、小学校社会科の「総合性」の特質を失うのではないか。

● 小学校が基礎となると、授業で覚えること(知識)が多くなり、社会科離れが一層進むのではないか。

仕組みや働きと人々の生活		歴史と人々の生活		
政治	国際関係	地域	日本	世界
イ(ア)「市役所などの公共施設の場所と働き」 (3)地域の安全を守る働き	内容の取扱い(4)ウ「国際化」 イ(イ)「外国との関わり」	(4)市の様子の移り変わり		
生活環境を支える事業 (3)自然災害から人々を守る活動	内容の取扱い(4)ア「国際交流に取り組む地域」	内容の取扱い(1)イ「公衆衛生の向上」 イ(ア)「過去に発生した地域の自然災害」 内容の取扱い(4)ア「地場産業・伝統的な文化（選択）」 (4)県内の伝統や文化，先人の働き		
	イ(ア)「輸入など外国との関わり」 イ(ウ)「貿易や運輸」		イ(ア)「生産量の変化」 イ(イ)「技術の向上」 イ(ア)「工業製品の改良」 イ(ア)「情報を生かして発展する産業」	
然環境と国民生活のと関連 (1)我が国の政治の働き イ(イ)「我が国の国際協力」	(3)グローバル化する世界と日本の役割		(2)我が国の歴史上の主な事象	ア(ア)「国際社会での重要な役割」 内容の取扱い(2)オ「当時の世界との関わり」
	州という地域の広がりや地域内の結び付き ④交通・通信	地域の変容	地域の伝統や歴史的な背景を踏まえた視点	
(1)「ギリシャ・ローマの文明」 (1)「市民革命」,「立憲民主国家の成立と議会政治」,「国民の政治的自覚の高まり」 (2)「我が国の民主化と再建の過程」		A歴史との対話 (2)身近な地域の歴史	B近世までの日本とアジア (1)古代までの日本 (2)中世の日本 (3)近世の日本 C近現代の日本と世界 (1)近代の日本と世界 (2)現代の日本と世界	(1)(ア)世界の古代文明や宗教の起こり (2)(ア)武家社会の成立とユーラシアの交流 (3)(ア)世界の動きと統一事業 (1)(ア)欧米諸国における近代社会の成立とアジア諸国の動き (3)(ア)日本の民主化と冷戦下の国際社会　など
が生きる現代社会と文化の特色 A(2)現代社会を捉える枠組み C私たちと政治 (1)人間の尊重と日本国憲法の基本的原則 (2)民主政治と政治参加	D私たちと国際社会の諸課題 (1)世界平和と人類の福祉の増大	(1)「文化の継承と創造の意義」		
D(2)よりよい社会を目指して				

資料18　小・中学校社会科における内容の枠組みと対象

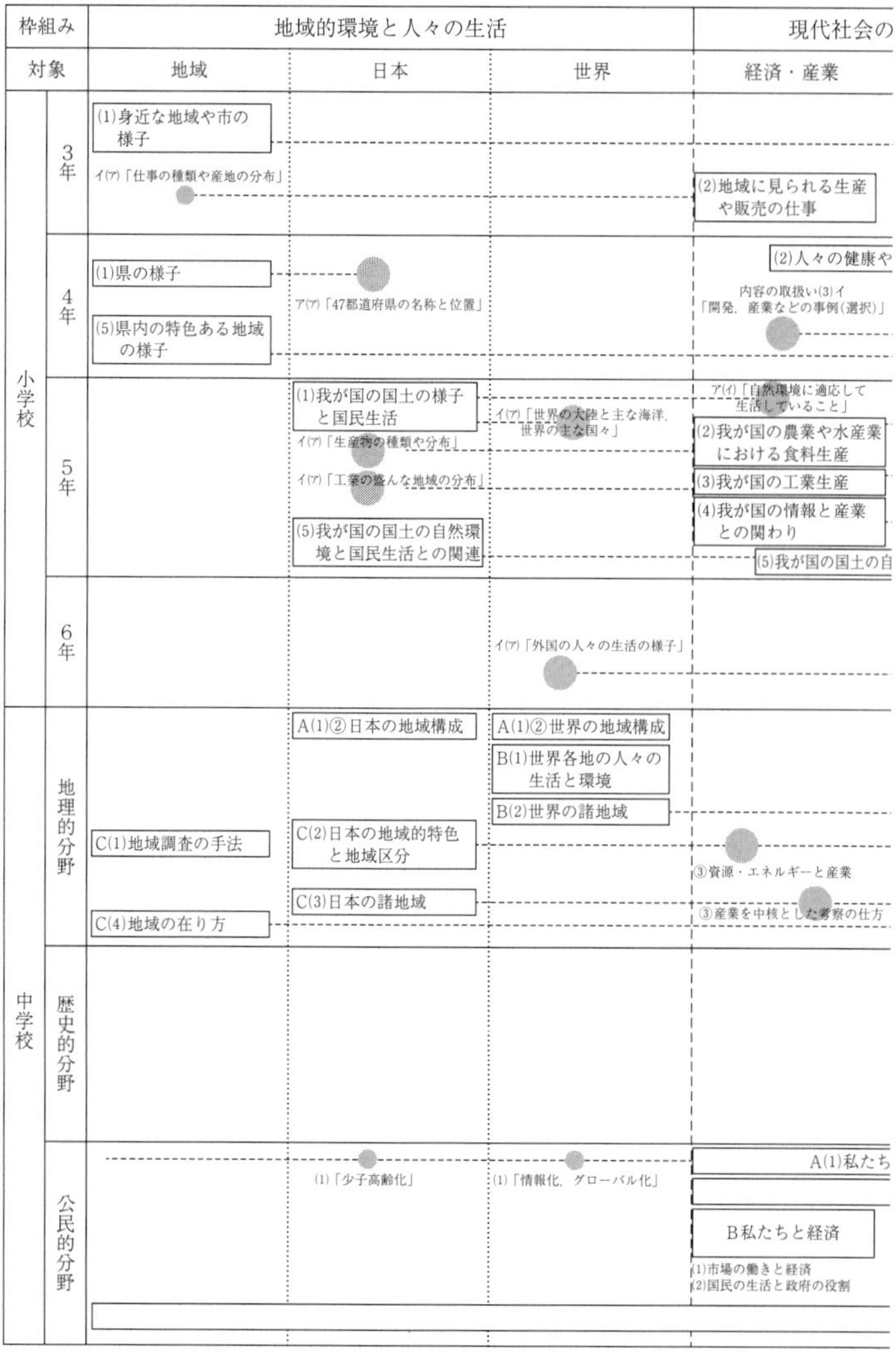

枠組み		地域的環境と人々の生活			現代社会の
対象		地域	日本	世界	経済・産業
小学校	3年	(1)身近な地域や市の様子 イ(ア)「仕事の種類や産地の分布」			(2)地域に見られる生産や販売の仕事
	4年	(1)県の様子 (5)県内の特色ある地域の様子	ア(ア)「47都道府県の名称と位置」		(2)人々の健康や 内容の取扱い(3)イ「開発，産業などの事例(選択)」
	5年		(1)我が国の国土の様子と国民生活 イ(ア)「生産物の種類や分布」 イ(ア)「工業の盛んな地域の分布」 (5)我が国の国土の自然環境と国民生活との関連	イ(ア)「世界の大陸と主な海洋，世界の主な国々」	ア(イ)「自然環境に適応して生活していること」 (2)我が国の農業や水産業における食料生産 (3)我が国の工業生産 (4)我が国の情報と産業との関わり (5)我が国の国土の自
	6年			イ(ア)「外国の人々の生活の様子」	
中学校	地理的分野	C(1)地域調査の手法 C(4)地域の在り方	A(1)②日本の地域構成 C(2)日本の地域的特色と地域区分 C(3)日本の諸地域	A(1)②世界の地域構成 B(1)世界各地の人々の生活と環境 B(2)世界の諸地域	③資源・エネルギーと産業 ③産業を中核とした考察の仕方
	歴史的分野				
	公民的分野		(1)「少子高齢化」	(1)「情報化，グローバル化」	A(1)私たち B私たちと経済 (1)市場の働きと経済 (2)国民の生活と政府の役割

●小学校社会科における「問題解決的な学習」の原理は、内容の系統性が重視されるとともに、高校受験を控え用語・語句の指導に時間を要する中学校社会科にはなじまず、小・中学校が悪影響を与え合うのではないか。

ではなぜ今回、このような整理がなされたのでしょう。

それは、資質・能力としての目標が新たに規定されたことや、「主体的・対話的で深い学び」という共通の授業像が示されたことによって、上記の懸念が払拭されたからです。つまり、小・中学校の内容は（ほぼ）そのままに、目指す児童・生徒像や授業像を共有し、共に歩み寄りながら進めばいいことになったわけです。

たとえば**資料18**のように、小学校社会科の内容はその構成を大きく変えないまま、地理的、歴史的、公民的な内容にその位置付けが区分されています。しかし、このことにより、それまでの指導内容や指導方法が変わるわけではなく、中学校社会科のどの分野に理解がつながるかを捉えておけばよいわけです。

小学校の先生方にとっては、これまでこのような捉え方ができなかったために、社会科の内容の構成原理を説明しづらく、それにより指導しづらい面があったので、その解決にもなるのではないでしょうか。

3 小学校社会科の特質「総合性」

資料18のように内容を区分・整理しても、小学校はいわゆる総合社会科、中学校は分野別社会科という特質に変わりはありません。では、「それらはどのように違う」と言えばよいのでしょうか。

小学校社会科は、学習指導要領上で「総合社会科」とは表現されていません。その文言は、中学校社会科の特質と区別する際に便宜的に使われることが多いものです。その際、その総合性については、次の2点から説明されます。

①学習内容の総合性

中学校の理解事項が「我が国の国土と歴史、現代の政治、経済、国際関係等に関して理解する」（教科の目標⑴）と示されているのに対し、小学校の理解事項は「（地域や我が国の国土の地理的環境、現代社会の仕組みや働き、地域や我が国の歴史や伝統と文化を通して）社会生活について理解する」（教科の目標⑴）と示されており、小学校では地理や歴史等そのものの理解ではなく、それらを通して（総合して）社会生活を理解するようになっていること。

②育成を目指す資質・能力の総合性

平成20年版までの小学校学習指導要領社会では、教科の目標を「理解・態度」と「（技能・）

> 能力」に分けた上で、理解・態度・能力の統一的な育成が求められてきており、その趣旨は、平成29年版にも受け継がれている。すなわち学力の総合的育成である。
>
> とりわけ、中学校社会科より態度に関する目標（自覚や誇り、愛情など）が色濃く描かれてきた感があるため、総合性がより強調されたと考えられる。

このうち、②については『小学校学習指導要領解説　社会編』（平成29年）において、「問題解決的な学習」について次のように説明しています。

> 単元などにおける学習問題を設定し、その問題の解決に向けて諸資料や調査活動などで調べ、社会的事象の特色や相互の関連、意味を考えたり、社会への関わり方を選択・判断したりして表現し、社会生活について理解したり社会への関心を高めたりする学習を指している。

すなわち、「知識及び技能」「思考力、判断力、表現力等」「学びに向かう力、人間性等」の三つの柱に沿った資質・能力が相互に結び付き（総合的に）養われることを期待しています。

中学校においても『中学校学習指導要領解説　社会編』（平成29年）において、小学校の

「問題」を「学習課題」に置き換えて同様の説明がなされています（中学校では教科目標の文言を用いて「課題を追究したり解決したりする活動とは」として説明）。

一般的に、学問は「分科→総合科」と進むようですが、①の学習内容に限って言えば、小・中学校社会科の場合は「総合科→分科」となっており、高等学校1年生対象の新科目「歴史総合」「地理総合」までを視野に入れると、「総合→分科→総合」と8年間（4＋3＋1）の入口と出口を総合科で挟み込んでいるようにも見えます。

また、高等学校2年生以降対象の「地理探究」「日本史探究」などの探究科目までをも視野に入れても、「問題解決→課題解決→探究」となり、小学校社会科は「社会科、地理歴史科、公民科」の10年間において、内容と学び方の両方における総合的な基礎教科として位置付けることができるのかもしれません。

他方、①については、これからも小学校社会科と中学校社会科の特質や違いを説明するうえで大切なポイントになるので、関係者は相互によく理解しておく必要があると思います。

（澤井 陽介）

社会科が目指してきたもの・これから目指すもの

ここで、小・中学校社会科が共に目指す「公民としての資質・能力の基礎」について、どのように捉えればよいのかについて考えてみましょう。

1 公民としての資質・能力の基礎

(1) 「公民としての資質・能力」が意味するもの

社会科は長らく、「公民的資質」の育成を目標に掲げてきました。それが、平成29、30（2017、2018）年改訂の学習指導要領では、「公民としての資質・能力」の育成へと改められることになりました。この変化の意味を正確に理解するためには、教科の関連性と小中高の関連性を念頭に置く必要があります。

学習指導要領の改訂論議が進み、各教科固有の「資質・能力の明確化」が図られるなかで、すべての教科の目標に資質・能力が記されるに至っています。国語科であれば「国語で正確に理解し適切に表現する資質・能力」、算数・数学科であれば「数学的に考える資質・能力」といった具合です。さらに、それらの資質・能力は等しく、「知識及び技能」

「思考力、判断力、表現力等」「学びに向かう力、人間性等」の三つの柱から詳しく説明されています。

　こうすることで可能となるのが、カリキュラム・マネジメントです。教科の関連性を見いだし、協働して「持続可能な社会の担い手の育成」に努めることができます。「資質・能力の明確化」の恩恵は、教科の関連性にのみ見いだされるものではありません。小中高の関連性にも大きく影響します。

「公民的資質」という言葉は、これまで高等学校の地理歴史科の目標には位置付けられてきませんでした。高等学校の社会系教科には公民科という教科もあり、両者の違いを際立たせるために、地理歴史科に「公民的資質」を使用できなかったのです。

　それが改訂学習指導要領では、地理歴史科の目標にも「公民としての資質・能力」を位置付けています。こうすることで、校種及び教科・科目に関係なく、小中高一貫で「公民としての資質・能力」を育成できるようになります。

「公民的資質」から「公民としての資質・能力」への変化は、些細なことのようにも見えます。しかし、その背景を踏まえることで、社会科授業づくりはより発展できます。

(2) 公民としての資質・能力の「基礎」が意味するもの

小学校及び中学校の社会科の目標には「公民としての資質・能力の基礎」という言葉があり、高等学校の地理歴史科及び公民科の目標には「公民としての資質・能力」という言葉があります。つまり、高等学校からは「基礎」という言葉が外れています。

また、校種を問わず、社会系教科の目標は、「広い視野に立ち、グローバル化する国際社会に主体的に生きる平和で民主的な国家及び社会の形成者の育成」です。しかしここでも、高等学校は小・中学校と少々異なります。高等学校の社会系教科の目標には、「有意な社会の形成者の育成」と、「有意な」という言葉が付け加えられているからです。

このように、小・中学校と高等学校の目標を考えるにあたり、「基礎」と「有意な」に注目することはとても大切なことです。小・中学校の社会科で身に付けられた「基礎」を高等学校で発展させ、「有意な」形成者にまで高めることが求められるわけです。

日本の社会科の大きな課題の一つは、小中高の一貫性が十分に図られていない点です。本書では、小・中学校の一貫性には目を向けています。しかし、高等学校までをも視野に入れないと、本来の社会科のあり方は追究できません。

先に触れた資質・能力の三つの柱にはそれぞれ、「実際の社会や生活で生きて働く（知識及び技能）」「未知の状況にも対応できる（思考力、判断力、表現力等）」「学んだことを人生や社会に生かそうとする（学びに向かう力、人間性等）」と説明が加えられています。

小・中学校の教師は、その基礎がその後の学びのどこにつながり、その後のその子の人生や社会生活にどう生かされるのかを強く意識することが必要です。すべての教科のなかで、社会科は特にその意識に基づいて授業づくりが進められなければなりません。

2　改訂を経て社会科の目標はどのように変遷したか

(1)　社会科の初志と「公民的資質」

昭和22（1947）年に日本に誕生した社会科は、その目的を「社会生活を理解させ、その進展に力を致す態度や能力を養成することである」としていました。学習指導要領に、そう明記されています。

翌年、新教科・社会科への対応に苦慮する学校教育現場に向け、社会科の性格をより分かりやすく伝えるために発行された『小学校社会科学習指導要領　補説編』において初めて、「公民的資質」という言葉が使用されます。そこでは、「（社会科の目的は）できるだけりっぱな公民的資質を発展させることであります」と述べられていました。

しかしその後、昭和43（1968）年改訂の学習指導要領まで、一時的にではありますが、「公民的資質」という言葉は、社会科の目標では使用されなくなります。

今日の社会科の目標にある「公民としての資質・能力」を理解するための前提として、誕生直後の社会科の性格をぜひとも視野に収めていただきたいと思います。

いわゆる「社会科の初志」とは、「社会生活の進展に力を致す態度や能力」の育成であり、それを端的にまとめたものが「公民的資質」です。今日一般的に使用される言葉で言い換えるとするなら、「社会参画（の重視）」がもっとも適切であると考えられます。

(2) 「公民的資質」の再登場とその後

昭和30年代（1955〜1965）にも、学習指導要領は幾度かの改訂を行っています。社会科の目標に関して言えば、そこで注目すべきは「道徳的判断力」という言葉です。たとえば、昭和33（1958）年の改訂学習指導要領には、「（社会科は）…道徳的判断力の基礎を培い、望ましい態度や心情の裏づけをしていくという役割を担っている…」と記されました。「新しい社会を創造できる資質・能力」の育成から、「望ましい社会に順応できる資質・能力」の育成へと、力点の置き方に変化が生じたのです。

昭和43（1968）年の改訂学習指導要領では、社会科の目標に再び「公民的資質」が登場します。具体的には、「社会生活についての正しい理解を深め、民主的な国家、社会の成員として必要な公民的資質の基礎を養う」と記されました。その後、今回の改訂に至るまで、若干の変更事項はあるものの、この目標は引き継がれています。「公民的資質」の内容を、「社会科の初志」に関連付けるのか、「道徳的判断力」に関連付けるのかは、判断の分かれるところです。いずれにしても、これまでの社会科の目標論は、理念にかかわる部分で議論が展開されてきたところがあります。

(3) 「公民としての資質・能力」の内容

「公民」とはどのような人間を指すのかといった理念的な議論ではなく、「資質（資質・能力）」とは具体的にどのようなものを指すのかといったより具体的な議論へと、社会科の目標論の議論は徐々にですが移行してきています。その到達点とも言えるのが、今回の社会科の目標の示し方です。

「知識及び技能」「思考力、判断力、表現力等」「学びに向かう力、人間性等」の三つの柱から、公民としての資質・能力を説明する方法は、教師にとっても、学校外の人にとっても分かりやすいにちがいありません。「社会に開かれた教育課程」の理念に基づき、学校と社会が目標を共有するためにも適切な手続きと言えるでしょう。

しかし、その一方で、社会科の目標をより理念的に議論することも必要です。先に触れた『小学校社会科学習指導要領　補説編』（1948）には、次の一節もありました。

人々の幸福に対して積極的に熱意をもち、本質的な関心を持っていることが肝要です。それは政治的・社会的・経済的その他あらゆる不正に反ぱつする心です。人間性及び民主主義を信頼する心です。人類にはいろいろな問題を懸命な協力によって解決していく能力があるのだということを確信する心です。このような信念のみが公民的資質に推進力を与えるものです。

「人間性」をどう理解するか、参考にできる点は少なくありません。

3 理解の社会科か、問題解決の社会科か、態度形成の社会科か

(1) 社会科授業の分類

資質・能力の三つの柱は、「バランスよく育むこと」が前提となっています。その三つは連動しており、どれか一つが欠ければ、他の二つは育成できないという構造が成立するからです。日々授業づくりと実践を進める教師にとっては自明なことでしょう。

しかし、実際には必ずどこかに力点が置かれ、たとえば、「理解の社会科」「問題解決の社会科」「態度形成の社会科」という社会科授業の分類が行われます。「知識及び技能」に着目すれば「理解」、「思考力、判断力、表現力等」に着目すれば「問題解決」、「学び

むに向かう力、人間性等」に着目すれば「態度形成」ということでしょう。

単元のなかの一時間が、そのいずれかの社会科授業に該当すると考えることもできます。一時間の授業のなかで理解も問題解決も態度形成もと欲張ることは実際には難しく、どこかに比重が置かれるのは必然です。特に、評価のことを念頭に置くとそうなります。今回の改訂学習指導要領が可能とするのは、一時間一時間の授業の役割の明確化です。

(2)「社会科が目指すもの」を一人一人の教師がどのように考えるか

理解か、問題解決か、態度形成かの議論は、一時間の授業の役割の議論に留まりません。単元を通して、そして、社会科全体を通して、どこに力点を置いて授業づくりと実践を進めるかということへと連動します。「理解」「問題解決」「態度形成」は、そのための選択肢にすぎません。

「価値判断」に力点を置く社会科があってもよいし、「社会参加」に力点を置く社会科があってもよいのです。学習指導要領で説明される言葉をそのまま受け取るのではなく、目の前の児童・生徒の実態や自らの社会科観により、個性的に解釈して授業づくりを進めることが今、社会科教師には求められています。

「18歳」の高校生が選挙に行き（18歳選挙権）、成人になる（18歳成人）時代です。「持続可能な社会の担い手の育成」という聞こえのよい言葉に囚われ、資質・能力の三つの柱を「バランスよく育むこと」ができれば、結果として「有意な形成者」になるだろうという予定調和的な発想に基づく理想論は、あまり現実的とは思われません。「理解」も、「問題解決」も、「態度形成」も、ではなく、「社会科が目指すもの」に照らして、一人一人の教師が重視すべきものを価値判断すべきです。

優れた実践者は必ず、自らの立場を明確にしているものです。

（唐木 清志）

授業づくりにおける課題

ここまで語られてきたように、小・中学校の社会科が共に目指す「公民的資質の基礎」とはどのようなものであり、どのようにその育成に当たればよいかを、小・中学校の先生方が議論し、一緒に考え続けていくことが大切です。

では、ここから社会科の授業づくりに目を向けてみます。

小学校の先生方に社会科授業の印象を聞くと、「指導しづらい」という声がよく聞かれます。また、中学生への意識調査（学研教育総合研究所「中学生の日常生活・学習に関する調査」

２０１７年）によると、社会科は「嫌いな教科」の４番手に（1位：数学、2位：国語、3位：英語）にランクされます。こうした点なども踏まえ、今、社会科はどのような課題を抱えており、教師や生徒から苦手意識をもたれているのかについて考えてみたいと思います。

そこで、ここでは小学校と中学校の両方に勤務経験のある針谷先生に、小・中学校社会科の授業づくりの課題について述べていただきましょう。

（澤井　陽介）

1　教師の意識から分かること

次の言葉は、校長として学年担当の意向を聴取した際に、転入してきた教師から寄せられたものです。

「学区の地域のことをあまりよく知らないので、（小学校）３年生の社会科を担当する学年の担任は、難しいです」

小学校３年生の社会科は、市区町村立学校の市区町村の地域的特色の学習を実施します。さらには、小学校区を中心とした学習の地域探検を体験的に展開していきます。これは、実際に自分の諸感覚を活用して見聞録ができる範囲だからです。

つまり、日常的な生活圏の学習を通して、地域のよさに気付き、さらに、知りたい疑問について、実際に地域の生活者にインタビューするなどの活動によって、地域の方々と触れ合い、さらに直接体験によって、情報を入手して学習できる範囲だからです。

そのため、地域の特色を知り、地域の名所・旧跡や特色ある施設などを理解していることが大切です。また、地域のキーパーソンを知り、連携がとれることも必要となります。そこで、（上述のように）「3年生の社会科を担当する学年の担任は、難しいです」という意識になりがちな傾向があります。

このような背景には、次のような課題が考えられます。

一つ目は、「小学校区の地域学習の地域探検を行う名所・旧跡や施設等の場所・内容・連絡先」など、誰に連絡したらよいのかという「データーバンク」が整備・保管・活用されているかということです。おおむね、前年度の学年担当にヒアリングしながら、今年度の計画を立てている場合が見受けられます。

その際、生活科の「まち探検」と社会科の「地域探検」のねらいの違いや系統性を、学習指導要領等を活用して十分に理解して計画することも必要になります。

二つ目は、「地域学習のマニュアルが作成され、口頭での伝達が主ではなく、文章化・イラスト化など、見える化されているか」ということです。この点についても、一つ目と同様に、前年度の学年担当に、ヒアリングしながら、今年度の計画を立てている場合が見受けられます。

「どの方面のコースがあるのか」「どこを通って地域探検するのか」「何をランドマークとして、地域探検するのか」「持ち物は何か」「事前・事後の指導のポイントは何か」など、「地域学習のマニュアル」の存在意義には、多大なものがあります。

三つ目は、「地域学習の資料や地図が各学校に任されているか」ということです。「学区域のオリジナル地図」を拝見したことがあります。道路マップや都市計画図をトレーシングペーパーを活用してトレースした手づくり地図です。

作成には、時間と手間が必要です。しかし、地図作成における専門性のある教師がいればよいのですが、そうでない場合には、そのとき作成された地図を、何年、いや何十年と使っている場合があり、新たな道路が開通したのに、記載がないといったこともあり得ることです。

こうしたことを社会科専科でない学級担任を中心に行わなければならないという点は、小学校の大きな課題であると感じます。

2 子供の意識から分かること

次の言葉は、筆者が、三十数年前に中学校の社会科担当教師としてスタートした頃の生徒の言葉です。

「社会科は、覚えることがたくさんあり、あまり好きではないです」

小学校の社会科の授業に対しての印象を率直に語った言葉でした。しかし、時代を経て、10年前、いや、最近でも聞くことがある言葉です。

この言葉が訴える原因は、何でしょうか。まさに「地名・物産を教え込む社会科」の実態があるところではないでしょうか。

例を挙げれば、小学校4年生の「都道府県の学習」を挙げることができます。

「都道府県四十七の位置と名前を覚えましょう」と、北の北海道から覚えたり、また、南の沖縄県から覚えたり、まさに、暗記教科としての社会科の印象が濃くなります。さらに、「高校入試で得点を増やすためには、都道府県四十七の位置と名前をしっかり暗記することが必要です」との言葉かけの存在もあるのではないでしょうか。これでは、ますます「社会科嫌い」を助長することとなってしまいます。

3 社会科の授業づくりの難しさはどこにあるか

次の言葉は、ある中学校の社会科教師の言葉です。とても印象的に、脳裏に残っています。

「小学校の社会科で学習してきたはずなのに、何でこの問題が分からないのでしょうか」

それに対して、次の言葉は、小学校の教師の言葉です。

「中学校の社会科では、地理・歴史・公民と三分野の学習をしますが、小学校の学習内容とどのように違うのかが、よく分かりません」

この二つの言葉から、「小・中学校の壁」の存在が浮き彫りとなります。

教員免許状については、小学校のみを所持している場合、中学校のみを所持している場合、さらには、小学校と中学校を両方所持している場合がありますが、重要なことは小学校ならば中学校の、中学校ならば小学校の、他校種の学習内容を理解しているかです。

以上の「教師の意識」「子供の意識」や「小・中学校の壁」等を踏まえて、「社会科の授業づくりの難しさ」を整理してみましょう。

4　小・中学校それぞれの社会科の授業づくりの難しさ

(1)　小学校教師の場合

小学校教師の場合は、第1に、「学区の地域の特色の理解」です。小学校区の地域学習の地域探検を行う名所・旧跡や施設等の場所・内容・連絡先等です。

第2に、「地域学習データーバンク」の整備です。この分野については、誰に連絡したらよいのかというキーパーソンの存在一覧です。

第3に、「社会科の地図や資料等の整備と活用」です。

「弥生時代の道具を活用して授業を体験的に進めたいけれど、備品がない」「世界の掛け地図を活用したいけれど、教材室にあるのは、最新の国名で表記されていない古い掛け地図しかない」など、学習指導要領の改訂に合わせて、教材・教具が整備されているかです。

第4に、「社会科の指導方法」の共通理解がなされているかです。

小学校における「研究委嘱」は、国語や算数が圧倒的に多く、社会科の研究委嘱を受ける機会は、残念ながらとても少ないのが実態です。また、仮に社会科の研究委嘱を受ける機会に恵まれても、翌年度には、校内研修が国語や算数に変わってしまう場合が多く見られます。そのため、社会科の指導方法について、全教師が校内研修等で学ぶ機会は、十分ではありません。

さて、地図帳の活用方法、地球儀の活用方法、メンタルマップの作成方法、グラフの見方・作成方法、景観写真の見方、資料の入手方法、白地図の作成方法、社会科新聞の作成方法、地域の社会科副読本の指導方法、地域の社会科副読本にかかわる評価問題と評価方法、地域の市町村・学区の地図の活用方法、地図に関するＩＣＴの活用方法、博物館・資料館との連携方法などが、全教師に共有化されているでしょうか。また、教科部会が定期的に開かれて、前述の事項等の確認が行われているかどうかも課題となります。

⑵　中学校教師の場合

第１に、「小学校でどのような資料を活用して、どのように学習してきたかの理解」です。特に歴史などでは、小学校と同じ資料を同じ見方・考え方で読み解いていく授業に陥ってしまう場合があります。実際に、小学校と中学校の教科書を比較すると、同じ資料等を掲載している事例はわりと多くあります。

第２に、「教材・教具の整備」です。

日本や世界の掛け地図や地球儀が最新版になっているか、古代をはじめ各時代の道具キットが、授業にすぐに活用できるように整理されているか、また、歴史年表が、令和までの元号表記がされているか、作業学習が可能なワークシートが共有化されているか、さらに、「地域の規模に応じた調査」の「フィールドワークのコース設定とマニュアル」が整備されているか等が挙げられます。また、小学校と同様に、教科部会が定期的に開かれて、前述の事項等の確認が行われているかどうかも課題となります。

さらに、小学校・中学校の教師に共通することとして、「小学校は中学校の、中学校は小学校の異校種の学習内容と指導方法」を十分に理解しているかという課題があります。

義務教育は9年間ですが、異校種についての情報収集は十分とは言えません。「小中一貫教育」を推進している学校や地域は、この点の不安には該当しませんが、まだまだ全国各地まで普及しているわけではありません。

異校種の授業を参観する機会は、研究発表会に参加する場合、市町村の教育研究会での研究授業を参観する場合等が挙げられますが、年に1回程度、それも、異校種の社会科の授業を参観できる機会は、社会科主任になる場合を除いて、滅多に恵まれるものではありません。すると、ほとんどの教師は、千載一遇の機会に恵まれるかどうかは、難しい状況となるのが現実です。

（針谷 重輝）

小・中学校間における単元づくりの比較

このように見てくると、社会科の授業づくりの課題は、従来から指摘されている事項とあまり変化がないこと（容易には解決されない課題であること）が分かります。

それは、小学校教師の授業準備の負担感、中学校教師の受験を見据えた暗記型指導、小・中学校の教師に共通する社会科の授業改善のための研修機会の少なさ、さらに小・中学校相互の指導方法や指導内容にかかわる情報共有などです。またその背景としての教師の職務全体の多忙さもあるのだと思います。

さて、少しでも解決に迫る方法を考えるうえでも、ここでは「単元づくり」と「1時間の授業づくり」における小・中学校社会科の特質を見ていきましょう。

（澤井 陽介）

1　小学校社会科の単元づくり

資料19は、小学校社会科における単元の学習展開で多く見られる例です。「一般的」「典型的」という言葉はなじまないでしょうから、「多く見られる」としました。

この特徴を説明するとすれば、以下の3点を挙げることができます。

(1)　問題解決の学習過程

「課題把握・課題追究・課題解決」（「中央教育審議会答申」（平成28年）の添付資料では小・中学校ともに社会科ではこの文言を使用した）で形づくられています。小学校では「問題解決的な学習」を原理とするため、「学習問題の把握・追究・解決（学習のまとめ）」や「つかむ・調べる・まとめる」などの言葉に置き換えられることもあります。

(2)　入れ子型構造の問題解決

単元の学習全体を方向付けるような大きな問い（単元の学習問題）を設定して追究活動につなげます。その追究活動が1時間（コマ）ごとの問題解決（つかむ・調べる・まとめる）の展開になっています。

そうした1時間（コマ）ごとの問題解決を重ねたうえで、単元の学習問題を解決する（実際には学習問題を見据えて単元の学習をまとめる）、いわば「問題解決の入れ子型構造」になっています。

資料 19　単元の学習展開例

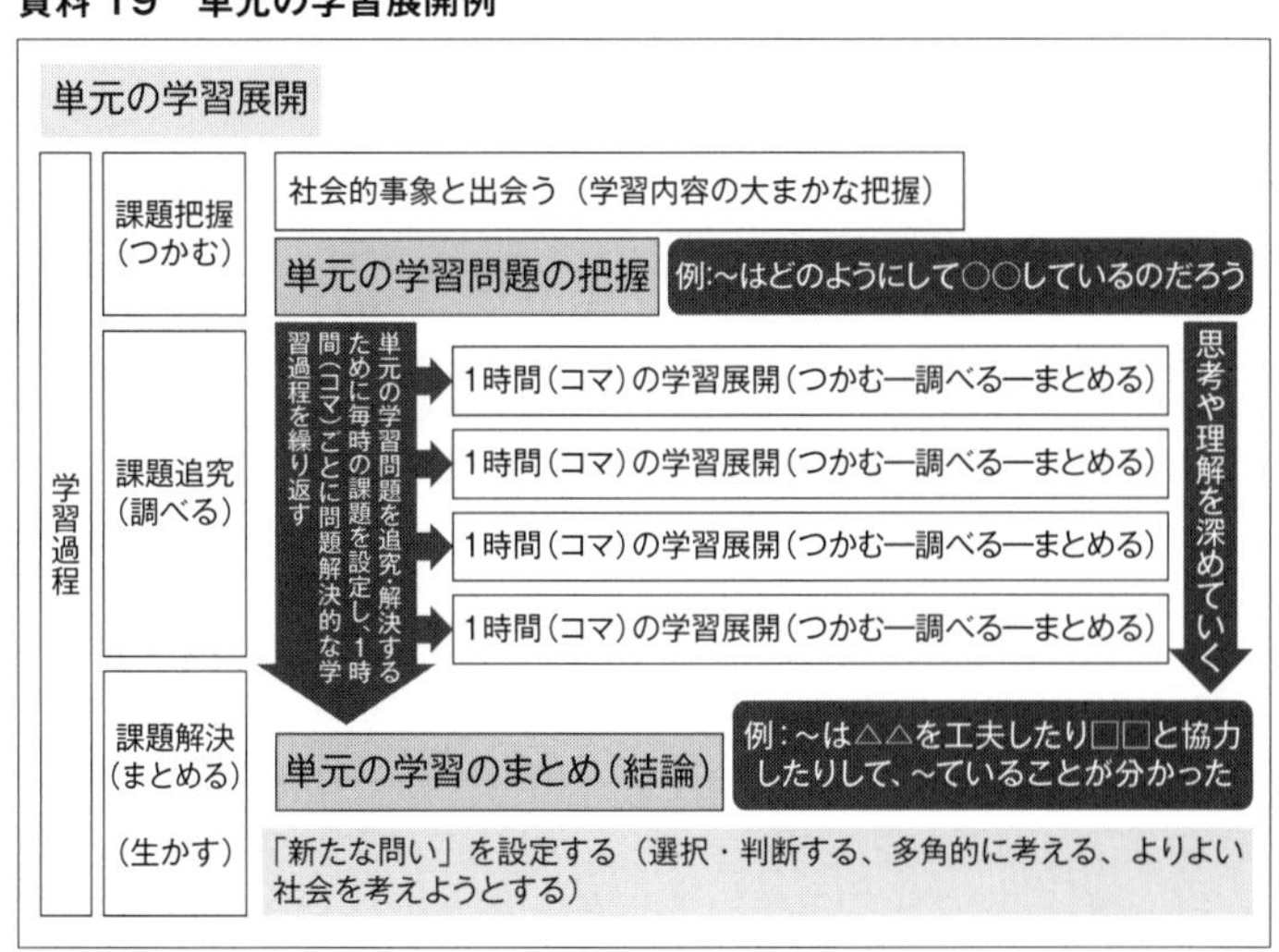

(3) 未来志向の問いの設定

最近では、課題解決（まとめる）段階を、単元の学習問題を見据えた学習のまとめ（多くは社会的事象の仕組みや特色、意味などの理解）にとどめずに、「新たな問い」を設定する例が多く見られます。

また、課題解決（まとめる）過程の一部として「生かす」などの言葉で示しているものや、「生かす」「広げる」「深める」などの文言で4段階目の学習過程としている例も見られます。こうした動きの背景としては、次の事柄が考えられます。

①社会に開かれた教育課程における社会科が意識されていること。

②選挙権年齢が18歳に引き下げられたこと。

③学習指導要領（平成29年）の社会科の目標として次の資質・能力の育成が求められたこと。
・社会に見られる課題を把握して、その解決に向けて社会へのかかわり方を選択・判断する力
・よりよい社会を考え主体的に問題解決しようとする態度

これらの背景により、現在から未来に向けた社会のあり方や自分たちの社会へのかかわり方を考える、いわば「未来志向」の問い、実社会につながる問いを設定する単元展開が多くなったと考えられます。

こうした「新たな問い」（たとえば「これからどうすべきか」「私たちはどんな協力ができるか」など）は、研究会や実践者によってはこれまでも重視してきたものですが、最近多く見られる例には次のように共通する特徴があります。

● 単元の終末に設定し、学習したこと（社会の仕組みや社会的事象の意味など）を基に考えさせようとしていること。
● 産業の発展や環境保全、防災安全、伝統文化継承など、よりよい社会を描く方向付けがなされていること。
● 問題解決に多くの時間をかけず、個々の考えを重視する、いわばオープンエンドであること。

そのため、どのようにして教師主導、形骸化、他人事、無責任な意思表明といったことにならないよう工夫すべきかが研究課題です。

資料20　地理的分野の内容のまとまり

〔地理的分野〕

A	世界と日本の地域構成	(1)	地域構成
B	世界の様々な地域	(1)	世界各地の人々の生活と環境
B	世界の様々な地域	(2)	世界の諸地域
C	日本の様々な地域	(1)	地域調査の手法
C	日本の様々な地域	(2)	日本の地域的特色と地域区分
C	日本の様々な地域	(3)	日本の諸地域
C	日本の様々な地域	(4)	地域の在り方

2　中学校社会科の単元づくり

小学校社会科と同様に中学校社会科においても、典型例、一般的と言えるモデルを提示することは難しいのが実情です。そこで、ここでは『「指導と評価の一体化」のための学習評価に関する参考資料』（国立教育政策研究所、令和2年）に掲載された事例の指導計画を参考にします。学習指導要領（平成29年告示）の趣旨が最も反映されたものと考えられるからです。

資料20は学習指導要領における地理的分野の内容のまとまりです。この括弧付き番号の内容が課題解決のひとまとまりの単元として構成されるもの（仮に「大単元」と称する。例「世界各地の人々の生活と環境」など）もあれば、大単元をいくつかに区分した「小単元」として構成されるものもあり、実際には後者が多いようです。

その例を学習課題で示す（筆者が加工）と以下のようになります（資料21）。この例を見ると、大単元の学習課題は、学習を大単元全体の内容に「方向付けるミッション」であり、学習のまとめに帰結する問い、具体的な問いとして生徒に「届くクエスチョン」ではないことがうかがえます。このことは、他の分野の単元づくりにおいても共通する傾向です。たとえば、**資料22**は公民的分野の内容のまとまり、**資料23**は単元構成の例です。

資料21

【例1】 大単元名「日本の諸地域」
＊内容C（3）に対応した大単元

大単元の学習課題
「前単元の小項目を基にし七地方区分の特徴的な事柄をまとめよう」
小単元の学習課題①
「北海道地方では、冷涼で広大な自然をどのように開発してきたのだろうか」
小単元の学習課題②
「中部地方では、なぜ農業、工業の生産額がともに高いのだろうか」
小単元の学習課題③
「九州地方では、台風がよく通り多くの火山を抱える中でどのように生活を工夫しているのだろうか」
以下、小単元の課題⑦まであり（略）

この例でも、単元は内容C(2)に対応した大単元になっていますが、「単元を貫く問い」は学習を「方向付けるテーマ」であり、生徒に届く具体的な問いにはなっていないように思えます（ただし、単元の学習のまとめに帰結する問いにはなり得る）。

届くのは「第〇次」と示されている小単元の問いのほうでしょう。すなわち、中学校社会科では学習指導要領の内容のまとまりを大きな方向付けで捉えるようにしたうえで、実際には内容をいくつかに区分した小単元の課題解決で構成する、いわば大単元の入れ子型構造が形づくられているのです。

資料22　公民的分野の内容のまとまり

〔公民的分野〕

A	私たちと現代社会	(1)	私たちが生きる現代社会と文化の特色
A	私たちと現代社会	(2)	現代社会を捉える枠組み
B	私たちと経済	(1)	市場の働きと経済
B	私たちと経済	(2)	国民の生活と政府の役割
C	私たちと政治	(1)	人間の尊重と日本国憲法の基本的原則
C	私たちと政治	(2)	民主政治と政治参加
D	私たちと国際社会の諸課題	(1)	世界平和と人類の福祉の増大
D	私たちと国際社会の諸課題	(2)	よりよい社会を目指して

資料23　単元構成の例（22時間）

(1) 単元の指導計画

単元の導入「社会を担う主導者となるためには」……………………………（1時間）

第一次「社会の課題を解決するためには」………………………………………（4時間）

第二次「社会の課題に国全体で取り組むためには～食品ロスを例に～」……（6時間）

第三次「公正な裁判の保障により人々の人権を守るためには」……………（4時間）

第四次「私たちが住む地域の課題を私たちの力で解決していくためには」…（6時間）

単元のまとめ「主権者として社会に参画するためには」……………………（1時間）

(2) 単元における問いの構造

【単元を貫く問い】※単元の導入及び単元のまとめで生徒に提示
　社会をよりよいものにするために、最終的に決定する権力をもっている私たちはどのように政治に関わるのがよいだろうか。

【第一次の問い】社会に見られる課題を解決するために、私たちはどのように情報を入手し、判断して、物事を決めるのがよいだろうか。

【第二次の問い】社会の課題となっている食品ロスを解決するために、主権者である私たちはどのように国の政治に関わっていくのがよいだろうか。

【第三次の問い】裁判において公正に判断する上で大切なことはどのようなことだろうか。

【第四次の問い】よりよい○○市にするために、○○市議会議員補欠模擬選挙で、誰に投票したらよいだろうか。

この点、小学校社会科では内容のまとまり（たとえば「我が国の工業生産」「人々の健康や生活環境を守る事業」など）を踏まえた大単元への意識はやや低く、はじめから小単元の括りでの内容構成になってしまっている感もあります。

その違いは、問題解決的な学習を通して事実から概念へと徐々に迫る「調べて考える」小学校社会科と、概念的な知識獲得の方向付けを行ったうえで内容の区分で構成された課題解決を積み重ね、「多面的・多角的に考察する」中学校社会科の違いなのかもしれません。

資料24　歴史的分野の内容のまとまり

〔歴史的分野〕

A	歴史との対話	(1)　私たちと歴史
A	歴史との対話	(2)　身近な地域の歴史
B	近世までの日本とアジア	(1)　古代までの日本
B	近世までの日本とアジア	(2)　中世の日本
B	近世までの日本とアジア	(3)　近世の日本
C	近現代の日本と世界	(1)　近代の日本と世界
C	近現代の日本と世界	(2)　現代の日本と世界

今度は歴史的分野についても見てみましょう。

資料24の括弧付き番号が歴史的分野の内容のまとまりであり、単元（いわゆる大単元）と捉えることができます。地理的分野と同様に、A(1)(2)など、これ自体が課題解決のひとまとまりとしての単元を構成できるものもありますが、他の多くはいくつかの小単元で構成されるものです。

資料25は『解説』に掲載されているものであり、中項目(1)~(3)などが大単元、「事項」ア(ア)~(エ)などが小単元の内容のま

資料 25

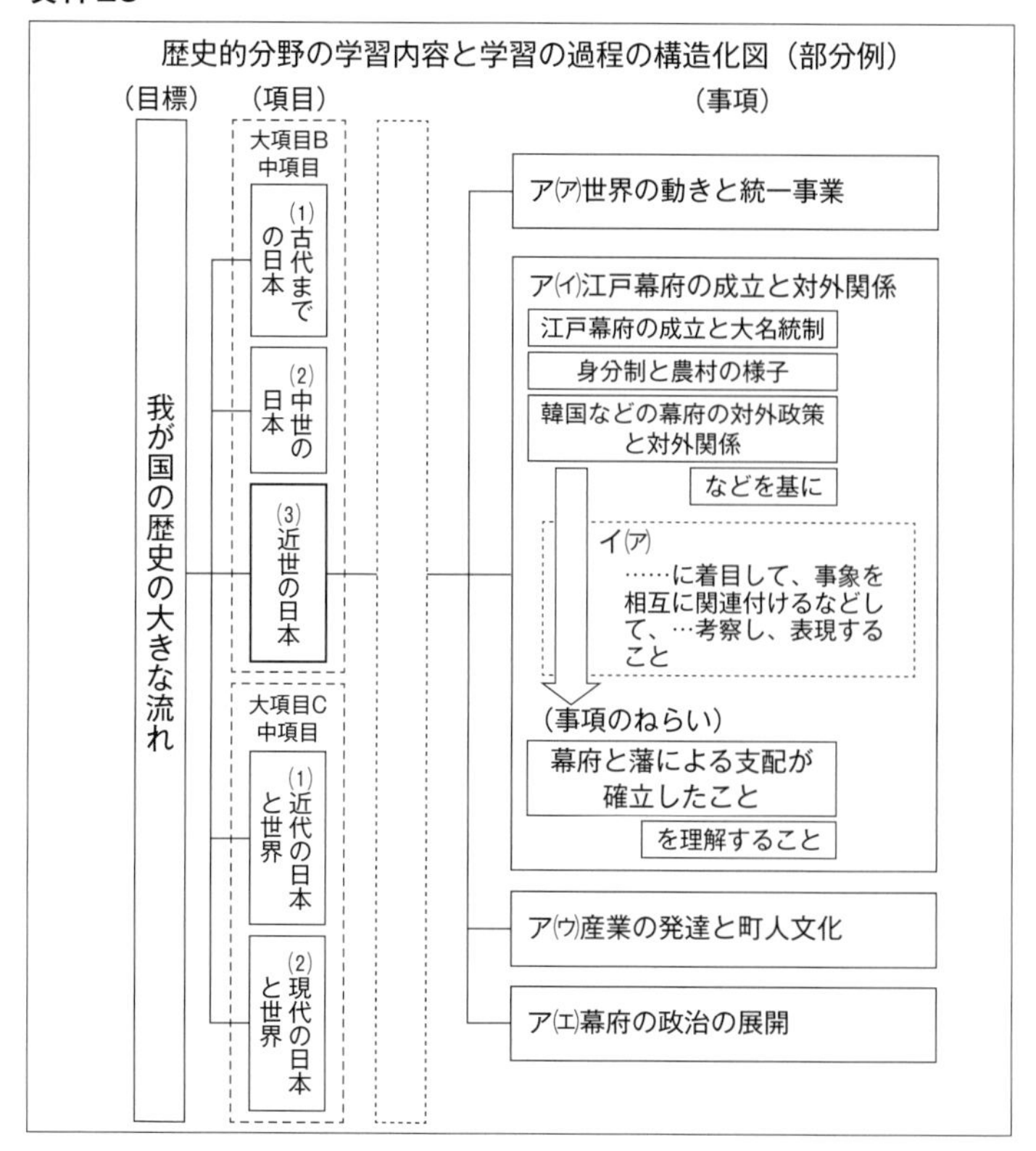

とまりと捉えることができます。小学校と異なり、時代の特色を考察することをねらう中学校では、いくつかの小単元を束ねて多面的・多角的に考察することを求めています。

では、小単元の課題解決の展開はどのようになっているのでしょうか。

事例「明治維新と近代国家の形成」の指導計画を学習課題

資料 26　明治維新と近代国家の形成

小単元の学習課題
「『明治維新』とはどのような国づくりをめざした動きだったのか」
第1時：「なぜ江戸湾に台場が築かれたのか」
第2時：「東禅寺の外国人はなぜ襲撃されたのか」
第3時：「なぜ幕府は江戸城を明け渡すことになったのか」
第4時：「なぜ新政府は中央集権国家をめざす必要があったのか」
第5時：「なぜ政府は国民の反発があったのに学制・兵制・税制の改革を行ったのか」
第6時：「新政府は近隣諸国とどのような関係を築いていったのか」
第7時：「なぜ明治初期、地域に近代的な工場が建設されたのか。また、人々の生活はどのように変化したのか」
第8時：小単元の学習課題：「『明治維新』とはどのような国づくりをめざした動きだったのか」

＊第1～3時を「1次」、第4～7時を「2次」、第8次を「小単元のまとめ」と位置づけている。

のみで簡略化して表すと、**資料26**のようになります。

小学校社会科においても、この時期の内容では「明治新政府の人々はどのような国づくりをめざしたか」といった学習問題を設定するため、課題自体は似ている感があります。しかし次の点が異なります。

●学習展開は生徒の思考の連続性よりも、1次（明治維新前）と2次（明治維新期）に内容を分けて、時間の経過に沿って学ぶことを重視していること。

●「なぜ～」という課題が多いこと。

これらの違いの背景としては、中学校の「明治維新によって近代国家の基礎が整えられて、人々の生活が大きく変化したこと」を理解する内容は、小学校（「明治維新を機に欧米の文化を取り入れつつ近代化を進めたこと」を理解する）の内容とは異なり、「近代国家

資料27　未来志向の問いの設定（中学校）

〈地理的分野　内容C⑷地域の在り方〉

ア　㈠　地域の実態や課題解決のための取組を理解すること

　　㈡　地域的な課題の解決に向けて考察・構想したことを適切に説明・議論しまとめる手法について理解すること。

イ　㈠　地域の在り方を、地域の結び付きや地域の変容、持続可能性などに着目し、そこで見られる地理的な課題について多面的・多角的に考察・構想し、表現すること。

〈歴史的分野　内容C⑷現代の日本と世界〉

イ　㈢　これまでの学習を踏まえ、歴史と私たちとのつながり、現在と未来の日本や世界の在り方について、課題意識をもって多面的・多角的に考察・構想し、表現すること。

〈公民的分野　内容D⑵よりよい社会を目指して〉

持続可能な社会を形成することに向けて、社会的な見方・考え方を働かせ、課題を探究する活動を通して、次の事項を身に付けることができるよう指導する。

ア　私たちがよりよい社会を築いていくために解決すべき課題を多面的・多角的に考察・構想し、自分の考えを説明・論述すること。

の基礎となる事項」や「人々の生活の変化との関係」を教材構成する必要があること、また「社会的事象の歴史的な見方・考え方」として「時期や推移などに着目」することや「事象同士を因果関係などで関連付ける」ことが明示されているため、時間経過で追ったり、因果関係を考えたりする学習が多いことを挙げることができます。

　加えて言えば、こうした小単元の内容が「世界の動きの関係」「国内の政治の動き」「文化や産業の発展」などに分けられ、それらを相互に関連付けて「時代の特色」として多面的・多角的に考察する大単元という内容構成になっているため、考察する際の根拠となる「小単元で学ぶ事項」を知識として確かに身に付けさせる必要があるのが中学校社会科であると言うこともできます。

また先に述べた小学校における「(3)未来志向の問いの設定」については、中学校の学習指導要領において、前頁の**資料27**のように位置付けられており、「内容の取扱い」に示されている小学校が単元の終末に「いかす」などとして「新たな問い」を設定するようにしていることと異なり、単元全体をその趣旨の内容として構成できるようになっています。

（澤井　陽介）

1時間の授業づくりの共通点と相違点

資料28は、小学校社会科の45分間の授業における学習展開を板書風に表したイメージです。矢印は学習活動のつながりや関連性を表しています。

まず教師から何らかの資料や情報が提示されます。複数の資料を比較させたり相互に

資料28　学習展開を板書風に表したイメージ（小学校）

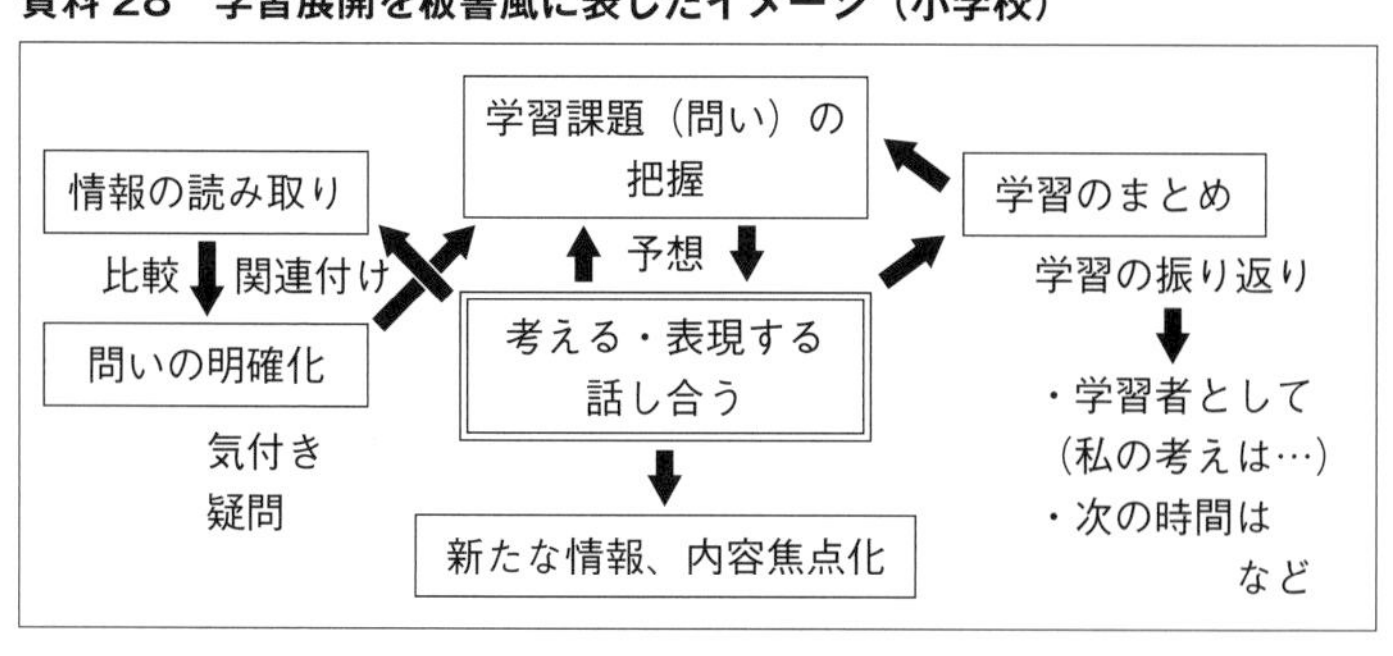

関連付けさせたりするなど意図的な提示の仕方を工夫することも多いです。

児童はそこから情報を読み取り、気付いたことや疑問を表現します。教師はそれを本時の「学習課題（問い）」につなげます。その学習課題（問い）について、児童は予想を出し合い、それを基に教師と児童で調べる事柄を決めていきます。

その後、児童が自分で探した資料や教師から配布された資料などを基に、学習課題（問い）の解決に向けて予想したことなどを調べていきます。その際、児童は情報交換したり話し合ったりします。その過程で教師は話し合いの内容の焦点化を図ったり方向修正を行ったりすべく、新たな情報を提示したりします。

最後に、資料の情報や自分たちが話し合った結果を基に学習課題（問い）についてのまとめをします。授業によっては、学び方や学習成果などの振り返りを行って感想をまとめます。次に調べるべきことを決める場合もあります。

授業は多様であり、当然ながらこの形態のみに集約されるわけではありません。しかし、小学校の場合であれば、問題解決のプロセスへの意識が強く、「調べる」「考える」「分かったことのまとめ」などと学習展開が板書に示されることも多いのが現実です。

一方、中学校の50分の授業イメージはこれらとどのように異なるか、小学校での考え方も併せ、「問題解決的な学習」「話し合い活動」「教科書活用」の三つの視点から検討していきます。

さて、ここまで学校段階における社会科の相違点などを語ってきました。

そこで、次章以降（第2章：小学校編、第3章：中学校編）では、それぞれの学校段階で熱心に教育実践を進めてこられた先生方から、次の項目についての基本的な考え方や具体策をオムニバス形式で簡潔に述べていただきます。第2章と第3章を比べて読むことで、小学校社会科と中学校社会科の特質を見通せるようになるでしょう。

●教材研究の進め方
●問題（課題）解決的な学習の具体策
●話し合い活動の実際

●教科書の構成
●教科書の活用
●資料活用の仕方
●学習評価
●「見方・考え方」の捉え方
●授業研究の進め方
●研究協議会の進め方や議論点
●児童（生徒）観と学級経営
●教師にとっての社会科の課題

（澤井 陽介）

第2章
小学校編

教材研究の進め方

1　教材とは学習内容を獲得するために調べる対象

教材とは、教師と児童の相互関係を成り立たせ、学習者に授業目標・単元目標へ到達させるための媒介物となるものです。小学校における社会科の教材研究は、社会を学習対象とする教科であるという特性から、**資料1**のように、現実社会にある「人・もの・こと」のなかから、学習指導要領に明記された指導内容を基に、教師が分析・解釈・選択し、内容や取扱いなどについて吟味・検討することです。

教材と指導内容は同じではないことに留意が必要です。教材は児童が調べる対象＝社会的事象であり、指導内容は調べたことから考えて得られる結果＝社会的事象の特色や意味を差します。この指導内容を意識して教材研究をしない限り、児童たちの深い学びを実現することはできません。

2　教材は料理のメニューと同じ

教師を料理人に喩えると、単元ごとの教材はメニューに当たります。メニューを構成

資料１　小学校社会科における学習対象（イメージ）

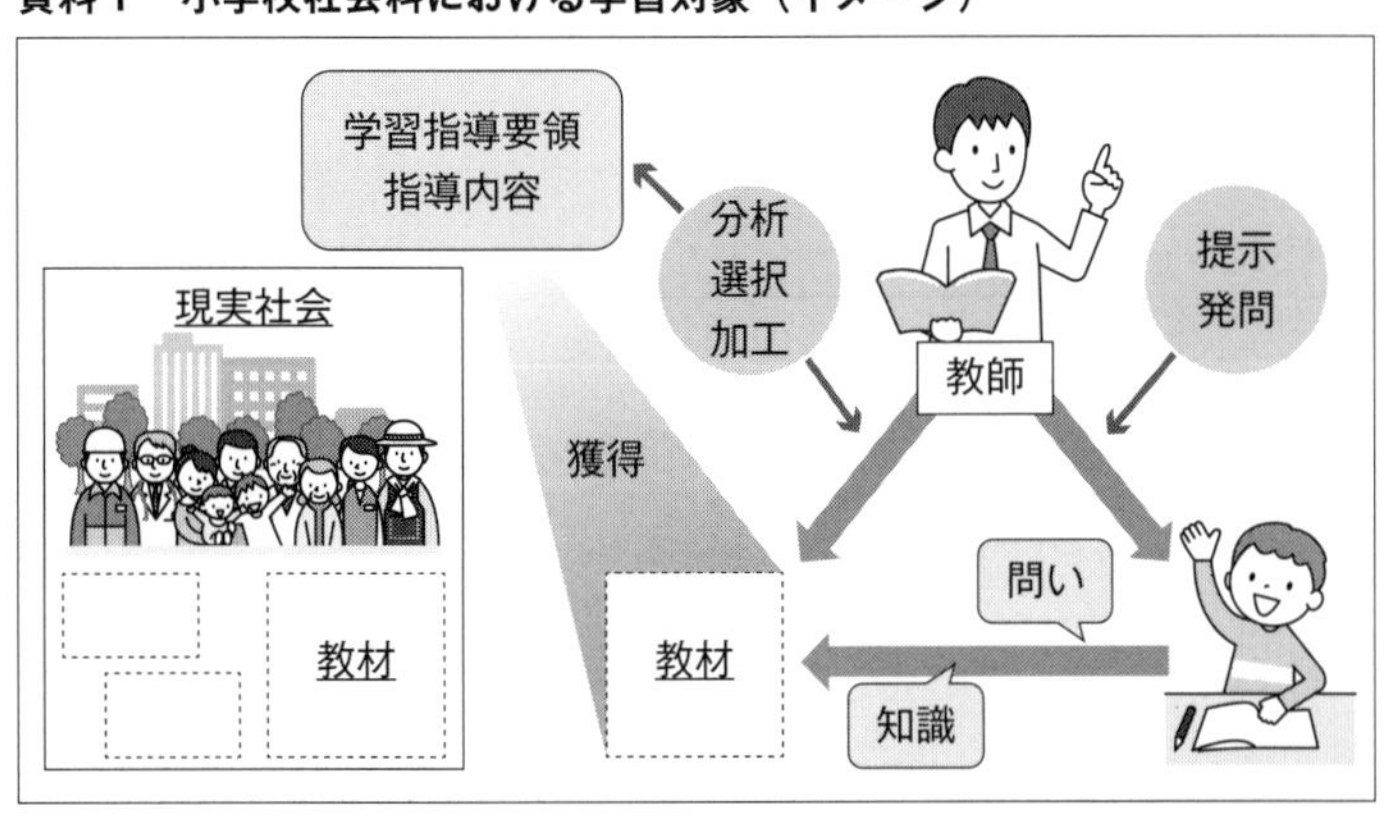

している料理が資料に当たります。料理には様々な種類があるように、資料の種類も文書資料、写真や動画の映像資料、グラフや表などの統計資料など様々です。

そこで、単元の目標に合わせて必要な資料を選択してメニューを構成していきます。料理を食べる順番が、「どのように調べ、まとめるか」という学習過程に当てはまります。教師はおいしい料理を用意する料理人、児童たちが楽しく食事する会食の時間は授業時間ということになります。

社会科の授業は「資料が命」と言われることがあります。現実社会を対象にする教科である以上、鮮度のよい、質の高い、児童が食べやすい資料を見付けていくことが具体的な教材研究となります。では、どのような視点で資料を選択していくのでしょう。

小学生という発達の段階を考慮すると、次のような教材選択の視点が挙げられます。

①学習のねらい（学習内容の獲得）を実現できるもの
②児童にとって親近感があり、興味や関心が高まるもの
③児童の知らない意外性があり、問いが生まれやすいもの
④児童の力で読み取ったり扱ったりすることができるもの

もちろん、すべての単元を1人で教材開発することは難しいと思います。まずは、教科書を読み込み、どのようなねらいで、どのような問いで、どのような資料が使われ、どのように学習を進めることが想定されているかを読み解くことからはじめましょう。

3　学習指導要領及び解説に基づいた教材研究

前述の教材選定の条件の一つ目に「学習のねらいを実現できるもの」を挙げました。それは、学習指導要領及び解説に明記された趣旨を実現できるかという観点にほかなりません。

今回改訂された学習指導要領及び解説では、「思考力・判断力・表現力等」で身に付け

資料２　『小学校学習指導要領解説　社会編』の記述内容の構造

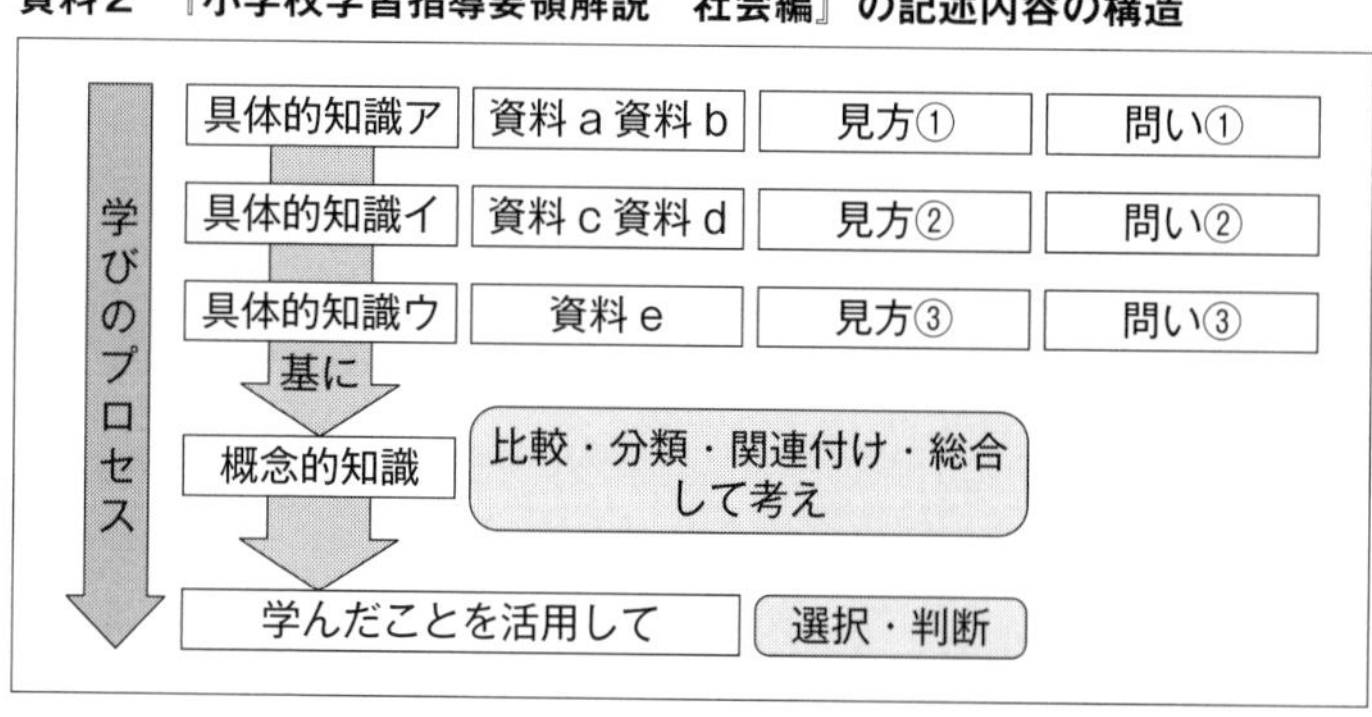

る事項のなかで「〜［視点］〜に着目して」という表現で「見方」が示され、「〜について考える」という記述についての解説には「〜と〜を関連付けて考える」などの「考え方」が示されています。

『小学校学習指導要領（平成29年告示）解説　社会編』では、**資料２**のように知識や見方・考え方・問いについての記述で構成されており、「見方・考え方」を児童が自ら働かすことができるように教材研究することが、新たに必要とされています。

今後は、児童が社会を見る視点に着目し、問いを追究して必要な知識を獲得するために、どのような「資料」が必要なのかを吟味する教材研究をしていくことが大切です。

たとえば、新宿区立四谷小学校では、「指導内容の構造図」（**資料３**）を描いて教材分析をしています。

（石井　正広）

資料3　指導内容の構造図

現行学習指導要領　第3学年内容(2)
アの(イ)：販売の仕事は、消費者の多様な願いを踏まえ、売り上げを高めるよう、工夫して行われていることを理解すること。
アの(ウ)：見学・調査したり地図などの資料で調べたりして白地図などにまとめること。
アの(イ)：消費者の願い、販売の仕方、他地域や外国との関わりなどに着目して、販売に携わっている人々の仕事の様子を捉え、それらの仕事に見られる工夫を考え、表現すること。

※【　】は、視点と方法を示す。

〈出会い〉

先生が1週間でどのような買い物をしているかを知り買い物や利用するお店に関心を持つ

問い：私たちは、どこでどのような物を買っているのだろう。【消費者の願い】【商店の分布】
知識：四谷の地域には、いろいろな種類の店がたくさんあって、目的に応じて買い物をする店を決めている。
：食料品の買い物が多く、特にA点で食料品を買う人が多い。
資料：四谷地域のお店マップ
：買い物調べカード
：買い物調べの集計グラフ

〈学習問題〉

A店にたくさんの人が買い物に来るひみつは何だろう。

問い：A店ではどのような売り方の工夫をしているのだろう　【販売の仕方】
知識：買いやすいようにきれいに並べている
：タイムセールなどで安く売っている。
：お客がほしがる新鮮なものを売っている。
資料：お店の見学カード
：商品陳列の写真
：お店の人のインタビュー

問い：A店には、なぜたくさんのお客が集まるのだろう。
種類ごとに分けて考えてみよう。
活動：見学して調査で分かったことをカード化して分類・整理する。【分類】
問い：お店の人の工夫は買い物客の願いとどうつながっているのだろう。
活動：買い物客の願いと分類・整理した工夫を線でつなげる。【関連付け】
知識：A店では、売り上げを高めるために、買い物に来る人の多様な願いに応える工夫をしている。

問い：A店以外のスーパーではどのような工夫をしているのだろう？【比較】
知識：売り方を工夫したり、チラシや広告を出してお客を呼び込もうとしたりするのは同じだけど、どの店もそのお店に来るお客の願いに合わせた特色ある売り方の工夫をして売り上げを高めようとしている。
資料：見学カード　お店の写真　個々の工夫を整理した比較表

問い：A店ではたくさんの人に来てもらうためにどのようなことをしているのだろう？　【集客の仕方】
知識：買い物に来てもらうために、チラシを配布したり、のぼりや広告を掲示したりしている。
：お客をまたせないようすばやく会計ができるレジを用意している。
：食料品以外にも雑貨屋や本屋も同じ建物のなかにある。
資料：折り込みチラシ
：お店のカード
：店の人のインタビュー

〈出会い〉

A店のバックヤードを見学してたくさんのダンボール箱があることから他地域や外国との関連に気付く。

問い：A店の商品はどこから来ているのだろう。
【他地域や外国との関わり】
知識：A店では、東京以外の県や外国からも様々な商品を仕入れて販売している。
資料：段ボール等の表示の写真
：仕入れ先の日本・世界地図

問い：お店のよさをどう伝えるとよいのだろう。【総合】
活動：それぞれのお店のお客にとってのよさをポスターにして説明しあう。

〈社会とのつながり・関わり〉

問い：私たちはどのようにして買い物をしていくとよいのだろう。

四谷にはたくさんのお店があり、それぞれのお店の人たちが買い物客の願いに応える販売の工夫をしているから、これからは私たちも、店の特長や広告などの情報をよく知って買い物をしていくことで、欲しいものを安く買うことができそうだ。

授業を問題解決にする考え方と手立て

1 問題解決的な学習のプロセス

問題解決学習とは、子どもがもつ切実な問題の解決を中心に展開する学習のことです。一つの問題が解決すれば新たな「問い」が生じ、連続的な広がりを見せる学習です。

戦後直後には、児童が生活において直面する切実な問題のなかから学習問題を取り上げる時期がありました。しかし、現在は問題解決学習というよりも、「問題解決的な学習」として、プロセス重視の社会科学習が展開されています。

各社の社会科教科書では、**資料4**のように問題解決的な学習プロセスを意識して構成されています。児童が、この学習プロセスを通じて、資質・能力を

資料4　問題解決的な学習のプロセス

段階	学習活動	ポイント
つかむ	社会的事象との出会い	インパクトのある出会い
つかむ	学習問題を立てる	「問い」を引き出す
つかむ	（予想）学習計画を立てる	「何を」「どのように」調べていくのか
調べる	追究	観察・調査、インタビュー、作業、追体験 等
まとめる	学習問題の解決	学習問題を振り返る
いかす	深める拡げる	学習の発展

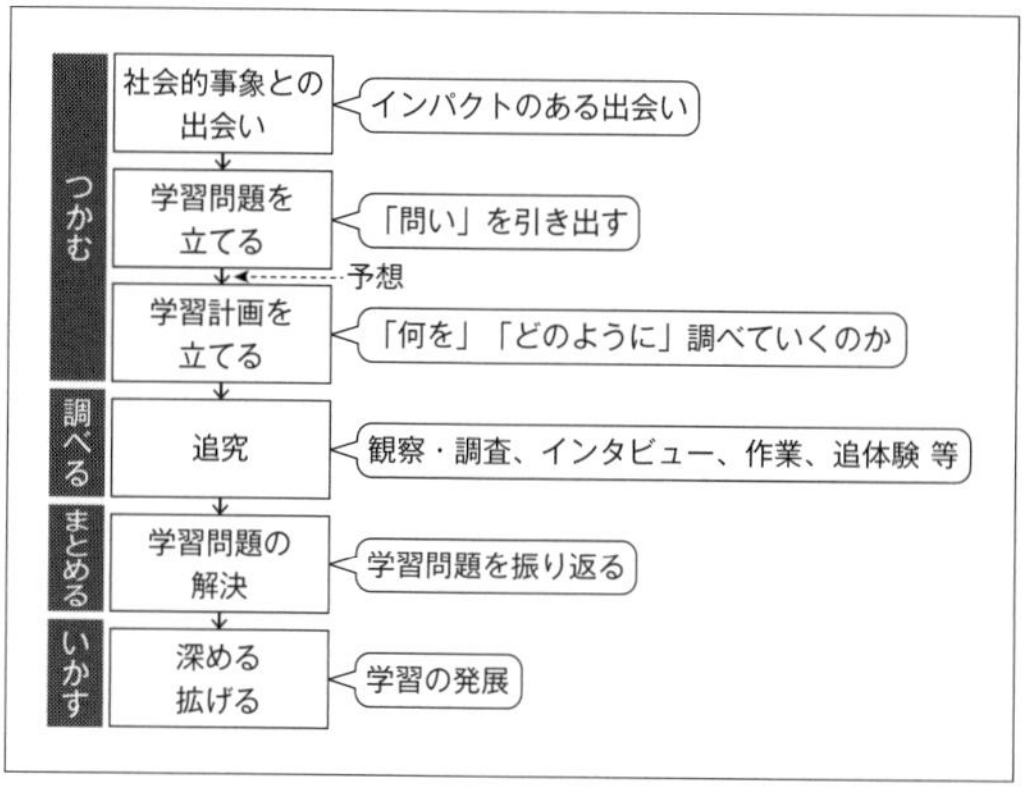

身に付けていくことが重要です。

しかし、その学習プロセスのほとんどが教師から与えられたものであり、自分でそのプロセスを完全に会得しているかというと、十分ではありません。さらに、問題解決的な学習を行っていたとしても、形式的にそのプロセスをなぞっているだけになっていることもあります。さらに言えば、問題解決的なプロセスを踏まず、「講義型」の授業になっているということもあります。

2　授業を「問題解決」にするために必要なこと

(1)　問題を発見すること

木下竹二氏は、『学習原論』（１９２３年）のなかで、「元来疑問は教師が提出するのは主でなくて学習者が提出することを主とせねばならぬ」「学習者は、疑問をもって学習を開始し、疑問を持って学習を閉じる」と述べています。

このように、疑問、つまり「問い」をもつことの重要性は以前から言われていることです。

「問い」があってはじめて、児童はその「問い」を解決しようと動き出します。しかし、「問い」を発見する学習が十分に行われているとは言えません。そのため、児童の「問題を発見する力」が十分育っていないことが考えられます。

児童が少しでも気になっていることをその場で調べさせたり、児童から疑問を出せたりする機会が少なかったのではないでしょうか。

今は一人一台端末環境が実現しています。気になることはすぐに調べることができる状況が生まれています。こうしたことから、児童に調べる時間や任せる場面を増やし、児童が疑問をもてるような時間の確保が必要となるでしょう。また、教師が「問い方」を教えることも重要です。

(2) 学習問題の立て方

まずは全員で学習問題を設定することからはじめます。しかし、学習問題の立て方は、教科書には具体的に書かれていません。「調べてみたいことを話し合い、学習問題をつくっていきました」のような本文表記があり、当たり前のように学習問題が明記されているだけです。

学習問題の立て方は、多くの教師にとってブラックボックス的な存在になっています。学習問題を立てるために、児童の興味・関心を引き出し方向付ける方法など、その具体事例をより多く集めて検証し、広めていく必要性を感じています。

また、全員で解決すべき学習問題が設けられたとしても、その学習問題がそれぞれの児童が追究したい「問い」と結び付かないこともあります。力技で無理やり学習問題を立てたときにそのようなことが起こります。すると、児童の学習に対する意欲は一気に下がってしまいます。

学習問題を立てるプロセスを通して、それぞれの児童の「問い」が十分に尊重され、その価値が認められている必要があります。そのためには、児童が全体の学習問題と自分の「問い」との関連を自覚していることが重要です。

3 評価テストの見直し

市販されている評価テストは、ほぼ学習内容の事実的知識を問う内容です。このようなテストを毎回していると、子どもたちは「大切なのは覚えることだ」と認識します。そのため、評価テストのあり方も変えていく必要があります。学び方や学んできたプロセスを問うような評価テストを行うことで、子どもたちはその重要性に気付くでしょう。

本時の学習や単元の学習のなかで行う「振り返り」についても同様です。学習内容だけでなく、学習方法について振り返らせることで、その重要性を認識するでしょう。問題解決のために必要な学習プロセスの重要性を明示する必要があります。

（宗實 直樹）

資料5　板書例（米づくりの盛んな地域）

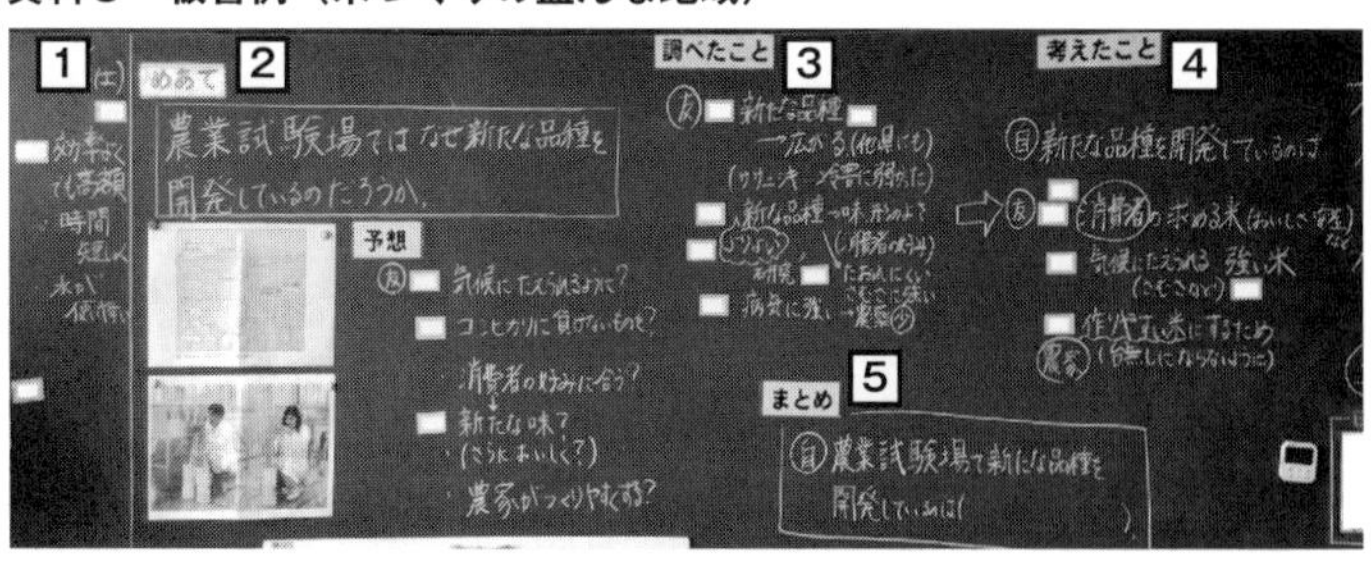

問題解決的な学習の具体策

1　すべての活動を「本時の問い」とつなげる

小学校社会科では、単元で学習問題を設定します。その学習問題を解決するために、児童と、さらに学習問題を細分化した各時間の問いを設定します。

ここでは、単元の学習を通じて最も頻度の高い「調べる」段階の授業を基に、問題解決的な学習展開について述べていきます。

私は問題解決的な学習を、[1]前時の振り返りと学習計画の確認、[2]本時の問いの設定、[3]情報収集、[4]考察・話し合い、[5]まとめ、という流れで展開しています**（資料5）**。

それでは、第5学年「米づくりの盛んな地域」での学習を基に[1]～[5]について、**資料5**の板書に即しながら述べていきましょう。

(1) 前時の振り返りと学習計画の確認

板書の1に当たる箇所です。授業の開始は、児童による前時の振り返りからはじめています。

1人目は前時の問いを発表します。2人目から4人目は、前時で書いた自分のまとめを発表します。5人目は学習計画を基にして本時で調べることを発表します。このようにして、児童が「自分たちが学習を進める」という意識をもてるようにします。

(2) 本時の問いの設定

板書の2に当たる箇所です。学習計画を生かして本時の問いを設定します。

かつての私は「今日の問いは～です」と教師が発表するスタイルを取っていましたが、現在は「今日の問いは、どうしますか?」と投げかけています。児童が問題意識をより強くもつことが主体的な学びには必要だからです。

ときには、前時の学習展開によって本時の問いをより焦点化することもあります。それは、前時の学習のなかで新たな問いが生まれた場合や、前時の学習でより注目すべきことが生まれた場合です。

(3) 情報収集

板書の3に当たる箇所です。「本時の問い」に基づいて、資料などから情報を収集し共有していきます。

ここで大切にしていることは、「何のために調べているのか」という目的意識です。そのために、私は「問いと関係のあるところを見付けましょう」と声をかけています。たとえば、この学習の場合、私は「なぜ新たな品種を改良しているのか、関係があるところに線や矢印やコメントを書きましょう」と児童に伝えています。

(4) 考察・話し合い

板書の4に当たる箇所です。

児童はまず、集めた情報をもとにして「本時の問い」について自分の考えを書きます。その後、学級全体（必要に応じてペアやグループでの話し合いをステップにしつつ）で「本時の問い」について話し合います。話し合いの際に児童に意識させていることは次の二つです。

●考えの根拠をはっきりと示すこと。

～だと思います。なぜなら～

●友達の考えとの関連を示すこと。
~さんに似ていて（違って）~私は~。

この二つを意識させることで、「本時の問い」についての考察が深まっていきます。

(5) まとめ

板書の5に当たる箇所です。

話し合ったことを踏まえて、児童一人一人が「本時の問い」についてまとめを書きます。4で最初に自分が考えていたことと、話し合いで出てきた友達の考えとを比べながら、「本時の問い」に対する自分の考えを文章化するわけです。

理解の仕方というのは各自で少しずつ違っていますので、教師の言葉を書き写させるのではなく、児童が各自で文章化することを大切にしています。

2 「問い」への意識を持続させる

「授業での話し合いや、まとめがうまくいかない」という話をしばしば聞きます。

私も同じような課題を抱えた時期がありました。そんな私が、日々の実践を通して見いだした改善の視点は、次のようなことです。

「1時間のなかに設定した学習活動が、実はそれぞれ独立してしまっているのではないか」

私は、学習展開を構成した後、すべての学習活動が「本時の問い」とつながっているかどうかを確認しています。授業中、児童に対しても「問いと関係があることを見付けましょう」「問いについてのまとめを書きましょう」と促すなど、常に「問い」を意識させながら言葉をかけています。

ここまで「小学校での問題解決的な1時間の学習展開」を、「調べる」段階に着目して述べてきました。

小学校社会科では「本時の問い」とその時間の学習活動とをすべてつなげることで、児童が問題解決への意識をもつようになると感じます。加えて、このように学習を積み重ねることが、主体的に学ぶ態度の育成につながるのだとも考えています。


（横田 富信）

話し合い活動の実際

1　話し合いの目的と形態

私は小学校社会科での話し合い活動の目的は、次の三つであると捉えています。

- ●情報交換をし、情報の量を増やしたり質を高めたりする。
- ●問いについての意見を積み重ね、考えを深める。
- ●対立的な立場で意見交換をし、本質的な考えを見いだす。

これらの目的に応じて、ペア・グループ・学級全体といった形態を組み合わせています。

ここでは、話し合い活動について第5学年「森林とわたしたちの生活」での学習を例にして述べていきます（資料6）。

2　45分のなかでの話し合いの場面

ここでの主な話し合いの場面は、「予想を出し合う」「資料から読み取った情報を共有する」「問いについての考察を出し合い検討する」の三つです。板書にある箇所と照らし合わせながら、それぞれの話し合いの場面について述べます。

資料6　板書例（森林とわたしたちの生活）

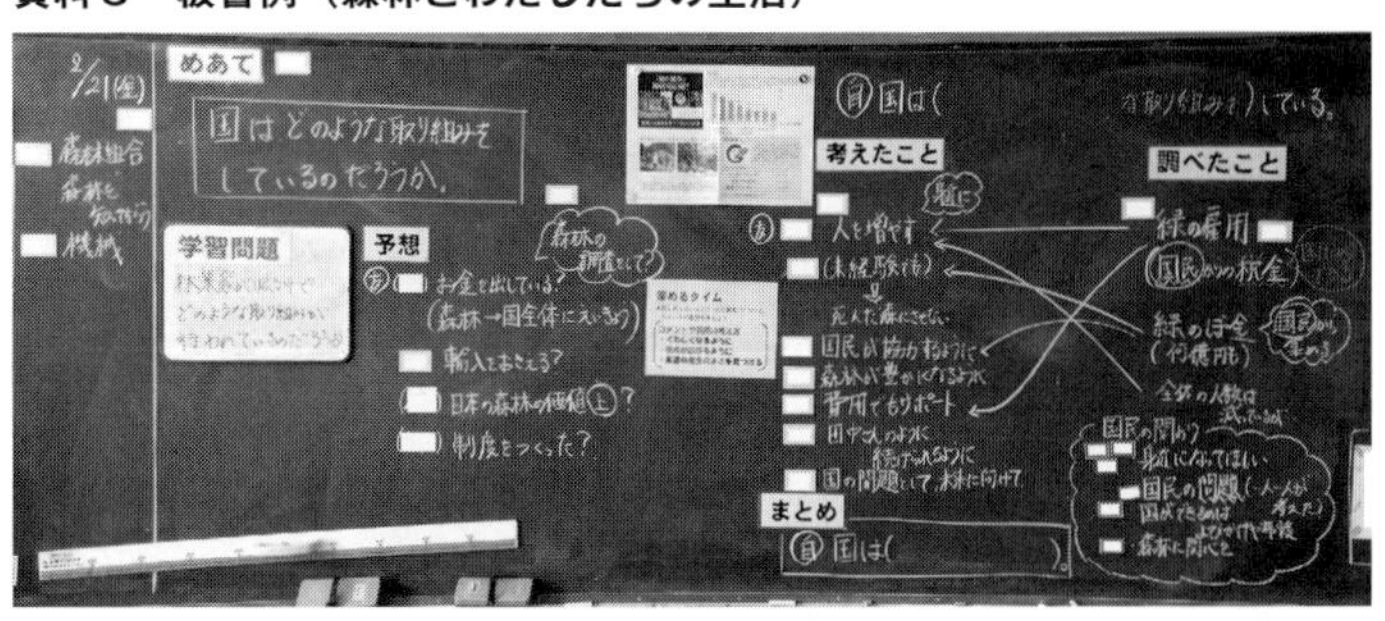

(1) 予想を出し合う

ここでの話し合いの目的は、本時の問いについての予想を交流することを通して、学習への参加度を高めることです。本時の問いについて全く見当がつかない状況のままでは、学習への主体性が損なわれてしまいます。

学習には、どのような状況であってもねばり強く取り組む態度が必要です。それを後押しするのが、「もしかしたら〜かもしれない」という解決の見通しをもてるようにすることです。私は、この予想を出し合う場面で、ペア（グループ）での話し合いを取り入れています。

ペアの場合、互いに話すことが必須となります。そのような状況をつくることで、児童の発話が促され学習への参加度が高まります。

(2) 資料から読み取った情報を共有する

問いと関係のありそうな情報を見付けた後は、情報共有の場面を設けます(資料7)。ここでの話し合いの目的は、必要な情報を互いに補ったり、自分たちが集めた情報が必要なものであったのかを確かめたりすることです。

私は、この場面でも上記(1)の「予想を出し合う」と同じく、ペア(または3人)での話し合いを取り入れています。ここでは、情報を共有するだけでなく、「問い」について話し合うようにすることもあります。「問いと関係のありそうな情報」という視点で情報共有させると、対話が活性化します。

資料7　話し合いの様子

(3) 問いについての考察を出し合い検討する

情報を共有した後は、集めた情報を基に本時の問いについて自分の考えを書き、学級全体で話し合います。ここでの話し合いの目的は、互いが考えた考察を広く出し合うことで、本時の問いについての適切な考察を見いだすようにすることです。

私は、この場面ではまずペアで互いの考察を説明するようにし、その後、学級全体での話し合いを進めるようにしています。

学級全体での話し合いは時間の制約上、全員が発表することは難しいからです。そこで、ペアで話し合うようにすることで、自分の考えを表現する場を確保します。

また、適切な考察を見いだすようにするには、児童が、問いについて根拠を示しながら話すようにすること、「～さんに似ていて（違って、付け足しで）」という言葉を使いながら友達の考えと関連付けて話すようにすることが必要です。これらを児童が身に付けられるよう繰り返し指導することで、本時の問いについて、集めた情報を活用して話し合うという意識を児童がもてるようになります。

常に「本時の問い」を基点として話し合っていることを児童に意識させること、そのために教師が目的と形態を組み合わせて話し合い方を工夫することができれば、充実した話し合いが展開されるようになるでしょう。

（横田 富信）

教科書の構成

1　教科書の役割

小学校3年生以上では、社会科の教科書と地図帳が主たる教材として活用されています。各学年の主な学習対象は次のとおりですが、教科書や地図帳以外にも、副読本や資料集を購入して活用している学校も多いことでしょう。

［第3学年］区市町村などを中心とした地域…区市町村の副読本
［第4学年］都道府県を中心とした地域…都道府県の副読本
［第5学年］日本の国土と産業…資料集
［第6学年］日本の政治や歴史、グローバル化する世界と日本の役割…資料集

中学年は、教科書以上に児童が生活する区市町村や都道府県を扱った副読本を活用することが多いのはないでしょうか。もしかすると、教科書は使わず、副読本を教科書と呼んで活用している教師もいるかもしれません。

中学年においても、教科書は主体たる教材ですから使用する義務がありますし、多数の専門家が集まり編集された教科書は副読本以上に優れた教材ですから、使わないのは宝の持ち腐れです。有効な活用方法には次が挙げられます。

①単元の最初に、教科書に掲載されている事例を活用して、これから学習する単元の学習のねらいや学習の進め方を概観して動機付けを図り、自分たちの生活する地域はどうなっているのだろうかという問題意識をもち、副読本を活用して学習を進める。

②単元の途中で、学習問題についてどのように調べたらよいか、どのようにまとめたらよいかなど、教科書に例示されている学び方を参考に、副読本を活用して学習を進める。

③単元の終末で、副読本を活用して調べてまとめたことを振り返り、教科書の事例と比較して、自分たちの地域の特色を考えたり、地域社会の生活を支える仕組みの共通点や相違点を考えたりして理解を深める。

一方、高学年の教科書の課題は、掲載されている事例や資料などは少なくとも4年以上前のものが使用されており、情報が古くなっている可能性があります。ですから、資料集などを補助的に活用することは有効な手段でもあります。

また、教科書は学習指導要領を具現化したものですから、児童一人一人が身に付ける最低限の内容を示したものとも言えます。学習進度や身に付けている能力の違いがある場合には、まずは教科書で調べ、時間がある児童は、さらに副読本などの別の資料を使って調べ、知識を広げたり考えを深めたりすることが考えられます。

一人一台タブレット端末の状況下では、副読本の代わりにタブレット端末を使って、発展的に学習を進めるなど、個別化がさらに進んでいくかもしれません。

2 実際の教科書の構成

どの教科書会社が編集した教科書も、単元ごとに問題解決的な学習の展開を中心に紙面が構成されています。たとえば、調べる段階の1時間は、**資料8**のように見開き2ページで構成されています。紙面には、次の内容が記載されています。

[ア] 本時の問い（めあて）
[イ] 学習の進め方、問いを解決する情報や解説からなる本文
[ウ] 児童の吹き出しや発言例
[エ] 写真や統計、地図等の資料

資料8　教科書の見開き構成

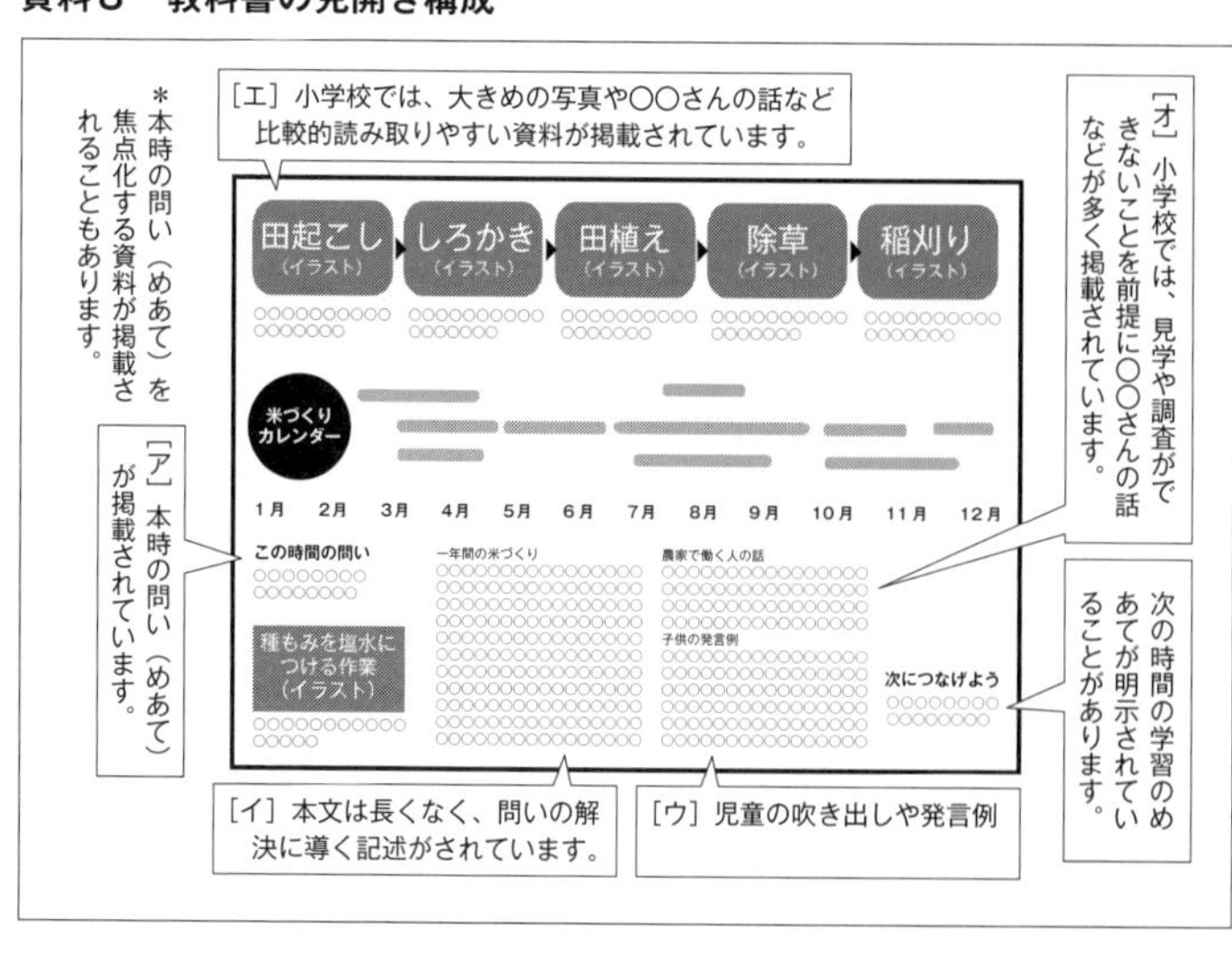

[オ] ○○さんの話　など

3　教科書の活用手順

①本時の問い（めあて）を確認する。または、資料を提示して問いを焦点化する。

②どのような資料が掲載されているかを確かめ、調べる見通しをもつ。

③本文を手がかりに、掲載された資料から順に情報を読み取る。

④文章の大切な場所に下線を引き、資料のポイントに○印をつけ、読み取る。

⑤読み取ったことを学級で話し合って共有する際に、全員で資料などを確かめ合う。

このような学習を繰り返すことで、教科書を活用した学習の進め方が身に付きます。

（石井 正広）

資料９　教科書の要素と配置

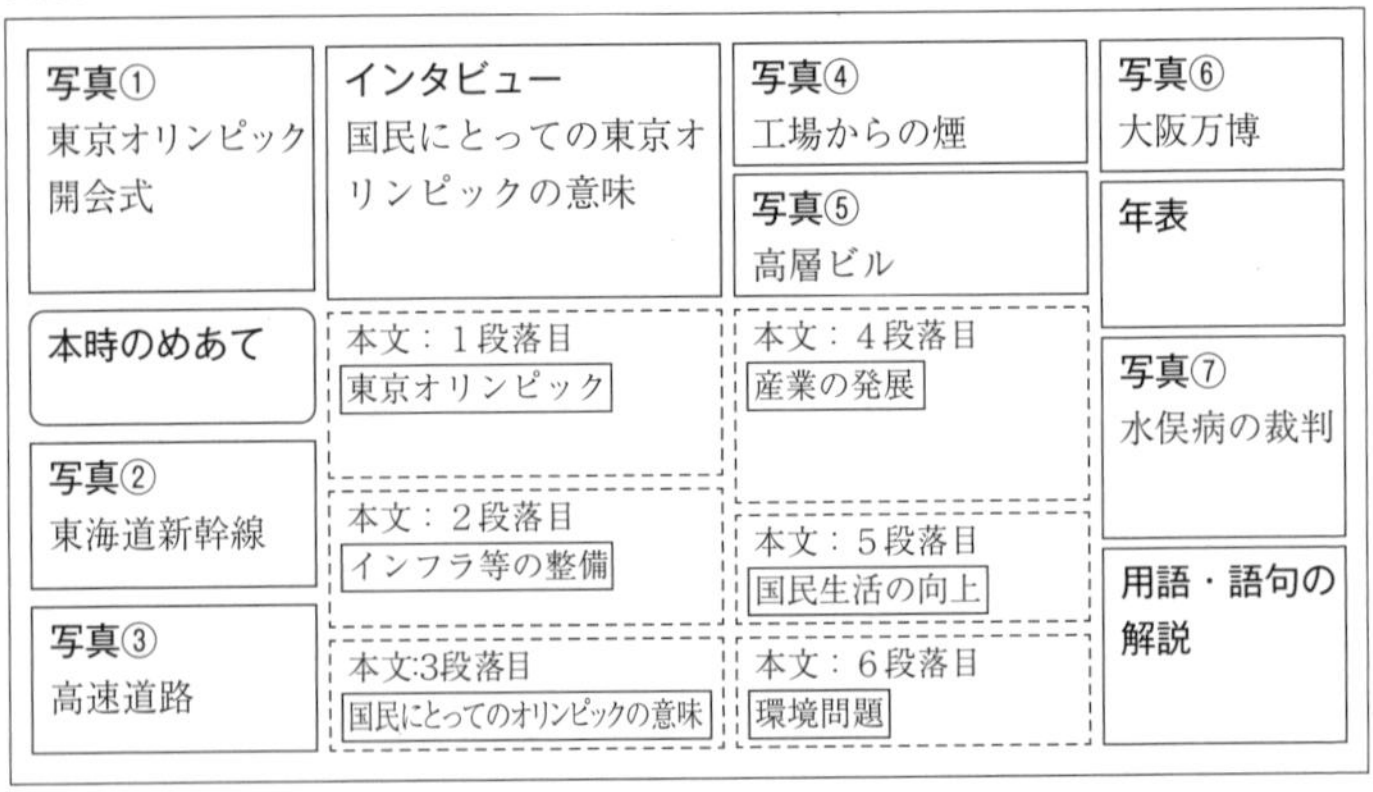

写真① 東京オリンピック開会式	インタビュー 国民にとっての東京オリンピックの意味	写真④ 工場からの煙	写真⑥ 大阪万博
		写真⑤ 高層ビル	年表
本時のめあて	本文：１段落目 東京オリンピック	本文：４段落目 産業の発展	写真⑦ 水俣病の裁判
写真② 東海道新幹線	本文：２段落目 インフラ等の整備	本文：５段落目 国民生活の向上	用語・語句の解説
写真③ 高速道路	本文:3段落目 国民にとってのオリンピックの意味	本文：６段落目 環境問題	

教科書の活用

1　教科書はどう構成されているか

教科書紙面を分析すると、**資料９**の構成になっていることに気付きます。図版としては写真や絵、グラフ、表、地図などが示されています。文としては「本時の問い（めあて）」「社会的事象」に加えて「学習活動」が示されています。文を詳しく見ると、「事実」だけでなく「社会的な意味や働き」についても示されています。

教科書紙面は、主として1見開きで1時間（45分）の学習とすることが想定されています。教科書を教師も児童も上手に活用することで、「用語や語句を読んで知る」学習から、「主体的・対話的で深い学び」のある学習を行うことができます。

私は教科書活用を「教師」「児童」という立場から考えています。ここでは、教師、児童、それぞれの立場からの教科書活用について述べていきます。

2 教師、児童それぞれの教科書活用

教師による教科書活用としては、主に「教材研究」があります。「教材研究」の場合、先に述べたように、紙面が文や図版で構成されていますので、それぞれがどのような内容を示しているのか、どのように関連付いているのかを把握していきます。

ここではまず、単元全体の内容を把握し、その後、1見開きを詳しく見ます。加えて、小学校の教科書ではありますが、できるだけ中学校や高校、学術書などにもあたりながら内容を把握するようにしています。こうすることで、本時で扱うべき概念的知識を教師が把握することができ、ねらいが明確になります。

児童による教科書活用としては、主に「調べ考える」ための資料とすることです。具体的に言うと、「情報を集める」「情報を関連付ける」「集めた情報を基に考察する」といったことです。

教科書の紙面は、図版と本文が関連付くように配置されています。また、先に述べた

ように「事実」とその「社会的な意味や働き」が書かれているので、これらも関連付くようになっています。

児童が「調べ考える」ための資料として教科書を活用できるように、私は「問いと関係がありそうなところに線、矢印、コメントを書きましょう」と指示をしています。

線は問いと関係のある箇所に引きます。矢印で、線を引いた箇所を関連付けます。コメントは、線や矢印についての解釈（や疑問）などを書き込みます。このようにすることで、児童一人一人が教科書を活用して自分の考えをもつことができるようになります。

このように活用方法を指導することが、学級全体で本時の問いについて話し合う土台となるのです。

3　教科書には答えが載っている？

しばしば「教科書には答えが書いてあるから、読んだら話し合いにならない」という声が聞かれます。そのように感じる気持ちも分かります。しかし、それを利用することが、児童の支援につながることもあります。

学習中には、「線、矢印、コメントを書きましょう」と指示しても、どこに線を引いたらよいか見当が付かない児童の姿が見られます。そのようなときに、「問い」に対する結論的な部分を見付けるように助言するのです。すると、その児童は、途中で投げ出すことなく、最後まで学習に参加することができるようになります。

　このような支援を繰り返していくことで、児童は（徐々にではありますが）情報を集め、自分の考えをもてるようになっていきます。

「答えが書いてあるから」という認識を改めるには、教師による「考えを深める発問」を取り入れることも有効です。

　たとえば、明治維新の学習のなかに「徴兵令」が出てきます。本時の「問い」が「明治政府はどのような取組を進めたのだろう」であれば、その一つは「徴兵令を行った」となります。しかし、この状況で本時のまとめを考えさせると、用語や語句の羅列で終わってしまいます。

　そこで、教師による「考えを深める発問」を取り入れます。私はこの場面では「戦いの専門家である武士ではなく、なぜ一般の国民を徴兵するのですか」と発問しました。すると、「江戸時代、武士は全体の7％くらい。一般の国民を対象としたほうがたくさんの兵力となる」といった考えが出てきました。

　児童は書いてあることを見付けると、そこで思考停止してしまうことがしばしばあります。**「本当はどういう意味があるのか」と考え続けられるような働きかけを教師が行う**

ことで、教科書をより有効に活用することができるのです。

お気付きかと思いますが、教科書活用には国語科での読解の技能が（教師も児童も）必要です。国語科と社会科を連携させることで、一体的な力の育成につながります。

（横田　富信）

資料活用の仕方

1　資料と活用の種類

社会科の学習における資料の種類と活用の種類は**資料**10に整理できます。

2　情報活用の主体

資料活用は、教師が資料活用する場合と、児童が資料活用する場合の両面があります。

(1)　教師が資料を活用する

教師が目標の実現に向けて必要な資料を選定し、ときには資料の加工や提示の工夫をして、授業を展開します。教師は意図的に資料の読み取りの方法を指導したり、疑問をもたせたり、問題解決に必要な情報を学級の児童全体で共有したりできるようにします。

資料10　資料と活用の種類

資料の種類		活用の種類
・地図資料 ・年表 ・文書資料（図書や人の話） ・統計資料（表やグラフ） ・視聴覚資料（写真や動画） ・実物資料（標本や模型）	⇄	・資料から全体的な傾向や必要な情報を読み取る ・複数の情報や資料を見比べたり結び付けたりする ・情報をメモや地図、グラフや表、年表や図などにまとめて資料を作成する ・資料を組み合わせて作品や考えを構築する

(2)　児童が資料を活用する

資質・能力の育成の側面からも、児童が資料活用の技能を身に付けていくことが欠かせません。そのためには、児童が自ら資料を集めたり、目的に応じて資料を選んだり、資料から必要な情報を読み取ったり、資料を加工したり組み合わせたりして作品をつくったり、自分の意見の説明に資料を活用したりする学習活動を設定することが大切です。

教師の指導性と児童の学習の主体性を考え、前者に傾かないよう配慮していきます。

3　教科書における情報活用

資料8で紹介した見開きのページには、7枚の写真と米づくりカレンダー、農家の人の話（文書資料）という9つの資料が掲載されています。

この時間のねらいは、「1年間の米づくりの作業の流れに着目して、種もみの準備から収穫まで様々な作業を行う必要があることを捉えることができるようにする」という知識・技能を中心としたものです。

教師が9つの資料を順番に提示し、説明していくことで、ねらいの理解的側面は到達できるかもしれませんが、児童が主体的に学び、技能を身に付けていくという側面は消えてしまいます。では、どのように資料を活用して授業を展開すればよいのでしょうか。

(1)　教師の資料提示により、本時の問いを焦点化する

「農家の人が稲をどれくらいつくっているのか」と発問し、本文から20ha以上の水田を管理し、80t以上の米を収穫していることを読み取らせます。

本時の問い「農家の人たちは、どのようにして米をつくっているのだろう」を提示し、7枚の作業の写真をランダムに提示し、作業順に並べ替えさせることを通して、「工程」に着目して調べることができるようにします。

(2) 児童が資料を活用して、本時の問いを追究する

資料から読み取った情報を、「工程」について意識しながらノートに整理していきます。写真と作業の説明文を結び付けたり、写真とカレンダーの時期を結び付けたりしながら読み取っていきます。

農家の人の話と作業の写真や説明文を結び付けて工夫や努力を見いだしていきます。

(3) 教師と児童で資料を活用して、調べたことをまとめる

調べたことを話し合う際には、教師が発言の根拠となる資料を黒板に掲示するなどし、必要に応じて児童全体で情報を読み取って確かめ合っていきます。

農家の話から気付いた農家の「工夫や努力」を話し合い、教師が板書して共有します。教師が「米づくりをするうえで大切なことは何だろう」と発問して、本時の学習を通して分かったことを児童一人一人がノートにまとめます。

4 資料活用のポイント

紹介した事例では、ねらいを実現するための問い、問いの追究を可能にする「工程」「工夫や努力」に着目できる資料が重要な役割を果たしていることが分かります。教科書の

教師用指導書には資料活用の仕方に関する説明があるので、参考になります。

また、1時間の学習のなかでも教師と児童が、どのような目的や役割で資料を活用するのかを明確にしていくことで、効果的に問題解決的な学習を展開することができます。そして、1時間で複数の資料を扱うことが多いですから、資料を相互に結び付けて思考を働かせて情報を読み取り、意味付けができるような教師の働きかけも重要となります。

さらに、教科書以外にも、たとえば、市販の資料集や稲作作業の動画資料（デジタル教科書やNHK for School）などを活用することで、資料から読み取った情報を他の資料で確かめたり、理解を深めたりすることができるなど学習の充実が図られます。

ただし、資料が多くなりすぎてしまい、児童が資料を読み取る時間や、読み取ったことからその意味を考える時間が不足することがないよう、追加資料は厳選する必要があります。


（石井 正広）

学習評価

1　学習評価の意識

学習評価は、学校における教育活動に関し、児童の学習状況を評価するものです。小学校学習指導要領総則には、学習評価の充実について新項目が置かれ、次の2点が示されています。

●児童のよい視点や進歩の状況などを積極的に評価し、学習したことの意義や価値を実感できるようにすること。

●各教科等の目標の実現に向けた学習状況を把握する観点から、単元や題材など内容や時間のまとまりを見通しながら評価の場面や方法を工夫して、学習の過程や成果を評価し、指導の改善や学習意欲の向上を図り、資質・能力の育成に生かすようにすること。

「児童にどういった力が身に付いたか」という学習の成果を的確に捉え、教師が指導の改善を図るとともに、児童自身が自らの学びを振り返って次の学びに向かうことができるようにするためには、学習評価のあり方を明確にすることがきわめて重要であり、教育課程や学習・指導方法の改善と一貫性のある取組を進めることが求められています。

つまり、学習評価には、児童の学習状況を的確に捉えて評価することにより、「児童の学習改善」につながるようにする側面と、「教師の指導改善」につながるようにする側面の二つの意義があるのです。

2 評価規準の設定方法

国立教育政策研究所『「指導と評価の一体化」のための学習評価に関する参考資料』（2020年）において評価規準の作成方法が示されました。資質・能力の三つの柱を踏まえて設定された評価規準は、単元で育てたい児童像そのものと言えます。学習指導要領の内容にしたがって**資料11**のように設定します。

この設定の手順にしたがって単元の具体的な内容を当てはめて作成していきます。ただし、内容の取扱いで「発展を考える」または「関わり方を選択・判断する」ことが示されていない単元では、**ゴチック**で示した部分は設定する必要はありません。

資料11　評価規準の例

Aについて、学習の問題を追究・解決する活動を通して、次の事項を身に付けることができるよう指導する。
ア　次のような知識及び技能を身に付けること
(ア)　Bを理解すること　(イ)　Cなどで調べて、Dなどにまとめること
イ　次のような思考力、判断力、表現力等を身に付けること
(ア)　Eなどに着目して、Fを捉え、Gを考え、表現すること

↓

知識・技能	思考・判断・表現	主体的に学習に取り組む態度
①Eなどについて Cなどで調べて、必要な情報を集め、読み取り、Fを理解している。 ②調べたことをDや文などにまとめ、Bを理解している。	①Eなどに着目して、問いを見いだし、Fについて考え、表現している。 ②○と○を（比較、関連付け、総合など）してGを考えたり、**学習したことを基に社会への関わり方を選択・判断したりして、適切に表現している。**	①Aについて、予想や学習計画を立て、学習を振り返ったり見直したりして、学習問題を追究し、解決しようとしている。 ②**よりよい社会を考え、学習したことを社会生活に生かそうとしている。**

3　評価場面を焦点化した評価計画の作成

学習過程に即し、**資料11**で設定した評価規準の評価場面を焦点化していきます（**資料12**）。教師は評価規準に基づいて把握した児童の学習状況を判断し、必要に応じて指導に生かしていきます。この指導に生かす評価の機能は、毎時間行われます。それに加えて、教師は通知票や指導要録に記録するために児童の学習状況を記録していく必要があります。

資料 12　評価場面の焦点化

	学習活動	知識・技能	思考・判断・表現	主体的に学習に取り組む態度
課題把握	○学習問題を設定する学習活動 単元の学習問題 ○予想や学習計画を立てる学習活動 ●評価につながる学習活動	知識・技能①	思考・判断・表現①	**主体的に学習に取り組む態度①**
課題追究	○学習計画に即して追究する学習活動 ●評価につながる学習活動 ○学習計画に即して追究する学習活動 ●評価につながる学習活動	知識・技能①	思考・判断・表現①	**主体的に学習に取り組む態度①**
課題解決	○調べたことをまとめ、学習問題の結論を出す学習活動 ●評価につながる学習活動	**知識・技能②**	**思考・判断・表現②**	
発展	○発展や関わり方を考える学習活動 ●評価につながる学習活動		**思考・判断・表現②**	**主体的に学習に取り組む態度②**

前述の評価計画のゴチックで示した評価規準の観点がそれにあたります。

学習過程においては、課題解決（まとめる）の段階で記録に残す評価が多くなります。

4　記録に残す評価の実際

以下は、第4学年「東京都の水害防止」の課題解決・発展の段階での活動と評価の事例です。**資料13**は、生活を守る取組を踏まえて作成した関係図と、神田川の氾濫を想定して児童が作成したマイ・タイムラインです。

〈**学習活動の展開と評価の視点**〉

●水害から生活を守る様々な具体的な取組を立場ごとに関係図に整理する。

↓「情報をまとめる技能を発揮して図に整理できているか」を評価する［知・技②］

●関係図に整理した取組のつながりについて考え、関係図に説明を追記する。

↓「様々な立場の取組を関連付けて考え、説明しているか」を評価する［思・判・表②］

●学習問題について関連図から分かったことを

資料13　関係図とタイムライン

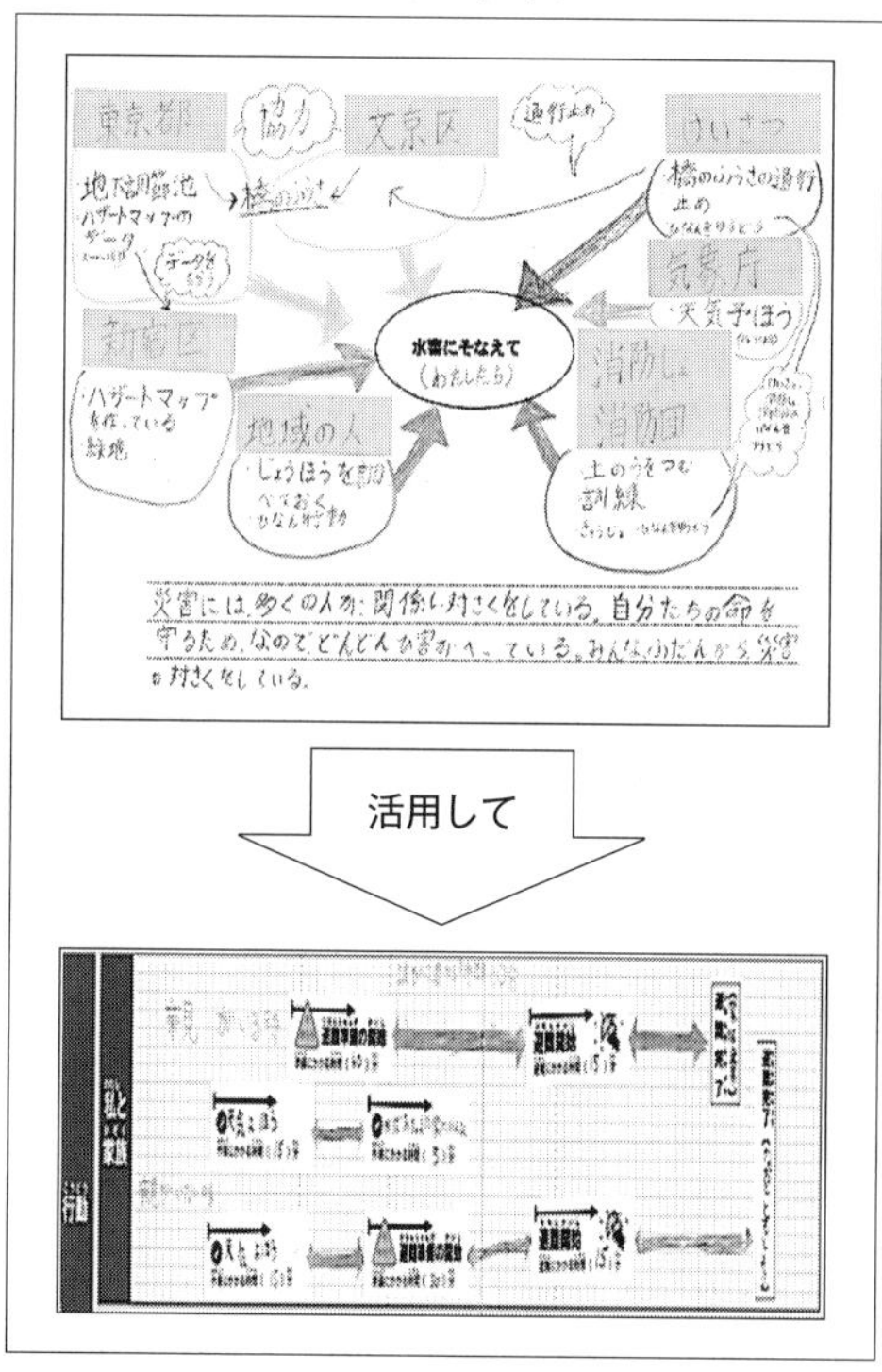

自分の言葉で文章にまとめる。

↓「様々な人が協力して対策していることを理解できているか」を評価する［知・技②］
●神田川の氾濫を想定してマイ・タイムラインを作成し、行動の仕方を考える。
↓「学習を基に時間の経過ごとの行動を考えようとしているか」を評価する［態度②］

一つの作品でも複数の観点で評価することがありますから、一つの評価規準について評価する学習活動を必ず一つ設定しておくことで、確かな評価を行うことができます。

5 評定の考え方と具体策

(1) 観点別学習状況の評価

今次改訂においても、学習状況を分析的に捉える観点別学習状況の評価と、これらを総括的に捉える評定の両方について、学習指導要領に定める目標に準拠した評価として継続して実施するものとされました。

指導要録の観点別学習状況は、次のように記入されます。

A：「十分満足できる」状況と判断されるもの

B：「おおむね満足できる」状況と判断されるもの

C：「努力を要する」状況と判断されるもの

的に喩えると、Cは的の外、Bは的の中、Aは的の中でも真ん中という具合です（資料14）。

ここでは、**資料13**で紹介した第4学年「東京都の水害防止」のA児の学習状況の評価について考えたいと思います。

課題解決の段階では「自然災害には多くの人が関係し、対策している」ことを関係図のまとめに記述していることから、知識・技能②はBと判断することができます。

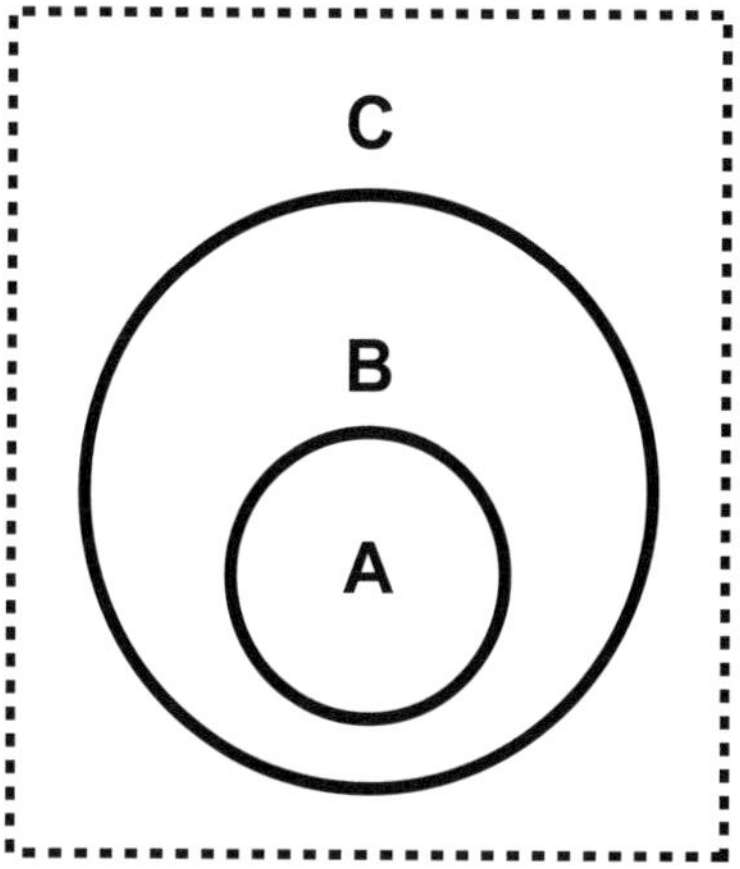

A児「（自然）災害には多くの人が関係し、対策している。自分たち命を守るためなので、どんどんひ害がへっている。みんなふだんから災害たいさくをしている」

発展の段階では「逃げ遅れてしまわないよう

資料14　評定の構造

C

B

A

に、もっと早く判断していこう」と記述していることから、主体的に学習に取り組む態度②はBと判断することができます。

A児「天気よほうを見て、大雨・こう水けいほうが出てからじゅん備して、ひなん所に到着するまでの時間は六十分もかかることが分かりました。せっかく情報を早く伝えたり、ハザードマップをもらったりしても逃げおくれてしまわないように、もっと早く判断していこうと思いました」

(2) 学習状況の記録例

評価計画の作成で触れたとおり、評価したことを記録に残す場面で、それぞれの観点の実現状況をＡＢＣで評価し、**資料15**のように記録します。

知識・技能と思考・判断・表現については、継続的に指導を積み重ねてきた単元後半の評価結果を重視します。ただし、主体的に学習に取り組む態度は、予想や学習計画を立て、学習を振り返ったり見直したりして学習問題を追究・解決しようとする態度と、よりよい社会について考え学習したことを社会生活に生かそうとしているという二つの態度を一体的に評価していきます。

資料15　評定の記録の仕方

評価の観点	学習過程	課題把握	課題追究	課題解決	発展	総括的評価
知識・技能	①					B
	②			B		
思考・判断・表現	①					A
	②			A	B	
主体的な態度	①	A	B			B
	②				B	
知識・技能	①					C
	②			C		
思考・判断・表現	①					B
	②			B	B	
主体的な態度	①	B	B			B
	②				B	
知識・技能	①					B
	②			B		
思考・判断・表現	①					B
	②			B	A	
主体的な態度	①	B	C			C
	②				C	

なお、表の空白部分は記録を残すことを重視せず、学習状況の評価を指導に生かした時間となりますが、「評価資料は必ずしも評価規準①で集め、評価規準②で集めない」と固定的に考えず、柔軟に計画することが大切です。

このように作成した学習評価の記録を基に、単元の観点ごとの総括的な評価を行います。

6　観点別学習状況の評価の総括

学習状況の評価の総括を行う時期としては、単元末、学期末、年度末の節目が考えられます。記録されたＡＢＣが複数ある場合、次のような統括の方法が考えられます。

①ＡＢＣの数が多いものが、その観点の学習状況を表しているという考え方

たとえば、「ＡＢＡ」ならばＡ、「ＣＢＢ」ならばＢとなります。様々な組み合わせが考えられますので、あらかじめ各学校で総括の仕方を決めておく必要があります。

②ＡＢＣを数値に置き換えて総括するという考え方

Ａ＝３、Ｂ＝２、Ｃ＝１のように数値によって表し、合計したり平均したりして総括します。たとえば、平均値をとる場合、Ｂの範囲を１・５以上２・５未満とすることが考えられます。「ＡＢＢ」の平均値は約２・３となり、総括の結果はＢとなります。

7　観点別学習状況の評価と評定の関係

評定は、学習指導要領の目標に照らして、その実現状況を「十分満足できる」状況を「３」、「おおむね満足できる状況」を「２」、「努力を要する」状況を「１」という数値で表します。

各学校では、観点別学習状況の評価と評定の関係について、教師間で評定の出し方について の共通理解を図り、児童や保護者に説明し理解を得ることが大切です。

たとえば、各観点がすべてＡならば３、各観点がすべてＢならば２、各観点がすべてＣならば１となります。

ただし、三観点の評価が同一でない場合は、前述の観点別学習状況の評価の総括と同様に、ＡＢＣの数の組み合わせ、または、ＡＢＣを数値化したものに基づいて総括する方法により、その結果を評定に表すことができるよう、あらかじめ、各学校において決めておく必要があります。

（石井　正広）

「見方・考え方」の捉え方

小学校における見方・考え方は「社会的事象の見方・考え方」です。すなわち、目の前の社会的事象（社会における物事や出来事）を「どうみるか」「その意味をどう考えるか」という、いわゆる認知に至るプロセスにおける事象へのアプローチの仕方と言ってよいでしょう。簡単に言えば、児童にとっての「社会科らしい学び方」と言い換えることもできます。

その具体は、次のように説明されています。

●社会的事象を、位置や空間的広がり、時期や時間の経過、事象や人々の相互関係に着目して捉えること。

●捉えた社会的事象を比較・関連付け、総合などして、あるいは地域の人々や国民の生活（つまり社会）と関連付けて社会的事象の特色や意味に迫ること。

小学校社会科は、第1章で述べたとおり、「総合社会科」としての特質がありますが、その学問的背景は地理、歴史、公民です。しかし、小学生には地理、歴史、公民と分野を分けて学ぶ前に、それらの目線をもちながら、社会生活を総合的に捉えることが必要です。そうでなければ、社会的事象はいつまで経っても人ごと、よそごと、ただの学問の世界にとどまってしまうことが懸念されるからです。

社会科で学ぶ対象の多くは「人々の活動」です。人間の営みや働きなどということもあります。それが、自然事象ではなく、人間が関与した事象を社会的事象と呼ぶゆえんです。

ただし、人々の活動を学ぶ教科等は社会科だけではありません。国語科や道徳でも人物が登場しますし、総合的な学習の時間でもそれらを取り上げることがあります。特別活動も自分たちを含めた集団の活動のあり方を考えたりするでしょう。

資料 16

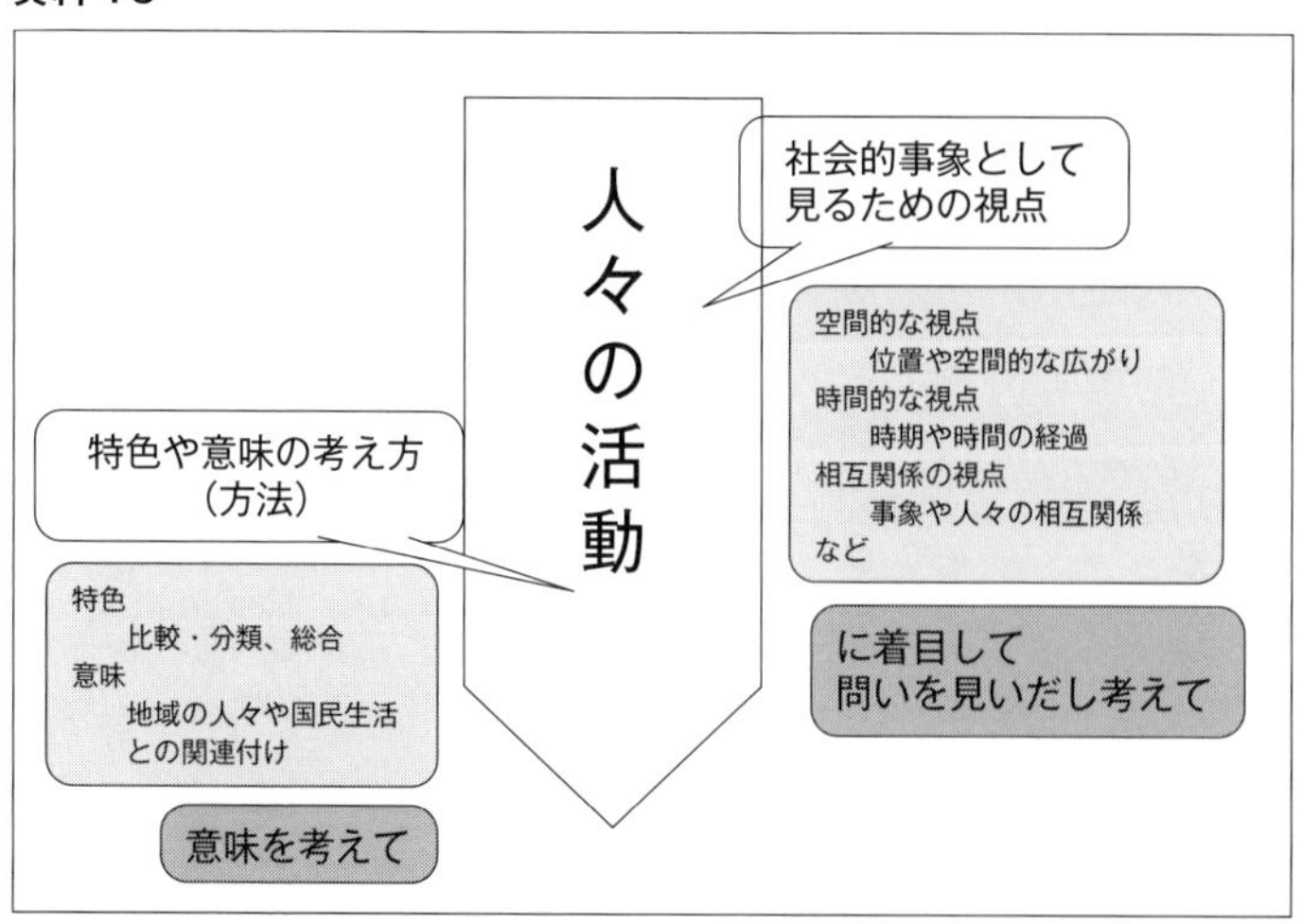

そこで必要になるのが、〝人々の活動をどのように学べば、社会科としての学習になるのか〟ということです（資料16）。「どのように学べば」を「何に着目して、どんな問いを見いだして調べたり考えたりすれば」と置き換えてみます。それが、「位置や空間的な広がり、時期や時間の経過、事象や人々の相互関係など（視点）に着目して社会的事象を捉え」の部分です。

次に示す例は、私がよく挙げる例ですが、第４学年の社会科の内容にある「地域の発展に尽くした先人の働き」で考えてみます。

地域のために私財をなげうって農業用水を開削したＡさんという教材、このＡさんについてどのように問うかいかんで意味合いが変わります。

● 「どのような生き方だろう」と問えば、道徳の授業（郷土愛、地域貢献など）になる。
● 「Aさんの残した言葉は、どんな意味だったのだろう」と問えば、国語科になる。
● 「Aさんの残した用水をこれから地域のためにどのように生かせばよいだろう」と投げかければ、総合的な学習の時間の学習活動につながる。

では、社会科はどうか。

社会科では「なぜ、Aさんは農業用水開削の必要性を感じたのか」と当時の地域の地理的な環境を調べます。また、「どんな人々と協力したか」「どの地域（高低差）を通したか」「どんな作業でどれくらいの時間がかかったか」などの問いを通して具体的な事実に目を向け、人々の協力関係や作業工程、作業時間などを調べます。

これが、位置や空間的な広がり、時期や時間の経過、事象や人々の相互関係など（視点）に着目して社会的事象を捉えるための追究活動の例です。

次に、〝調べて捉えたことを基に、どのように考えれば社会科の学習になるか〟という点について説明します。

社会科では「社会的事象の特色や意味」などを考えることが大切です。

社会的事象の特色とは、他の事象等と比較・分類したり総合したりすることで捉えることのできる社会的事象の特徴や傾向、そこから見いだすことのできるよさなどです。

社会的事象の意味とは、社会的事象の仕組みや働きなどを地域の人々や国民の生活と関連付けることで捉えることができる社会的事象の社会における働き、国民にとっての役割などです。

社会的事象の意味を、先の用水開削の事例で考えれば、「地域の人々にとっての意味（どのように役立ったか）」ということになります。したがって、用水が通ったことで地域の人々の生活や産業がどのように変わったかを考えればよいわけです。

資料17は、第5学年の「自動車生産の盛んな地域」の例です。学習指導要領やその解説には、着目する視点（学習で活用する概念と言ってもよいでしょう）として「製造の工程」（事実に着目）、「工場相互の協力関係」（広がりや協力に着目）、「優れた技術」（過去からの発展経過、未来に向けた開発などに着目）が、また考え方として、「消費者ニーズや社会の変化と関連付ける」ことが示されています。

社会科の授業で時折見られる課題は、事例そのものが学習内容になってしまうことです。たとえば、「○○自動車工場の仕事を事例にして日本の工業生産の特色を学ぶ」はずが、「○○自動車工場の仕事を事例にして○○自動車工場のことを詳しく学んで終わり」となってしまうのが典型例です。

資料 17

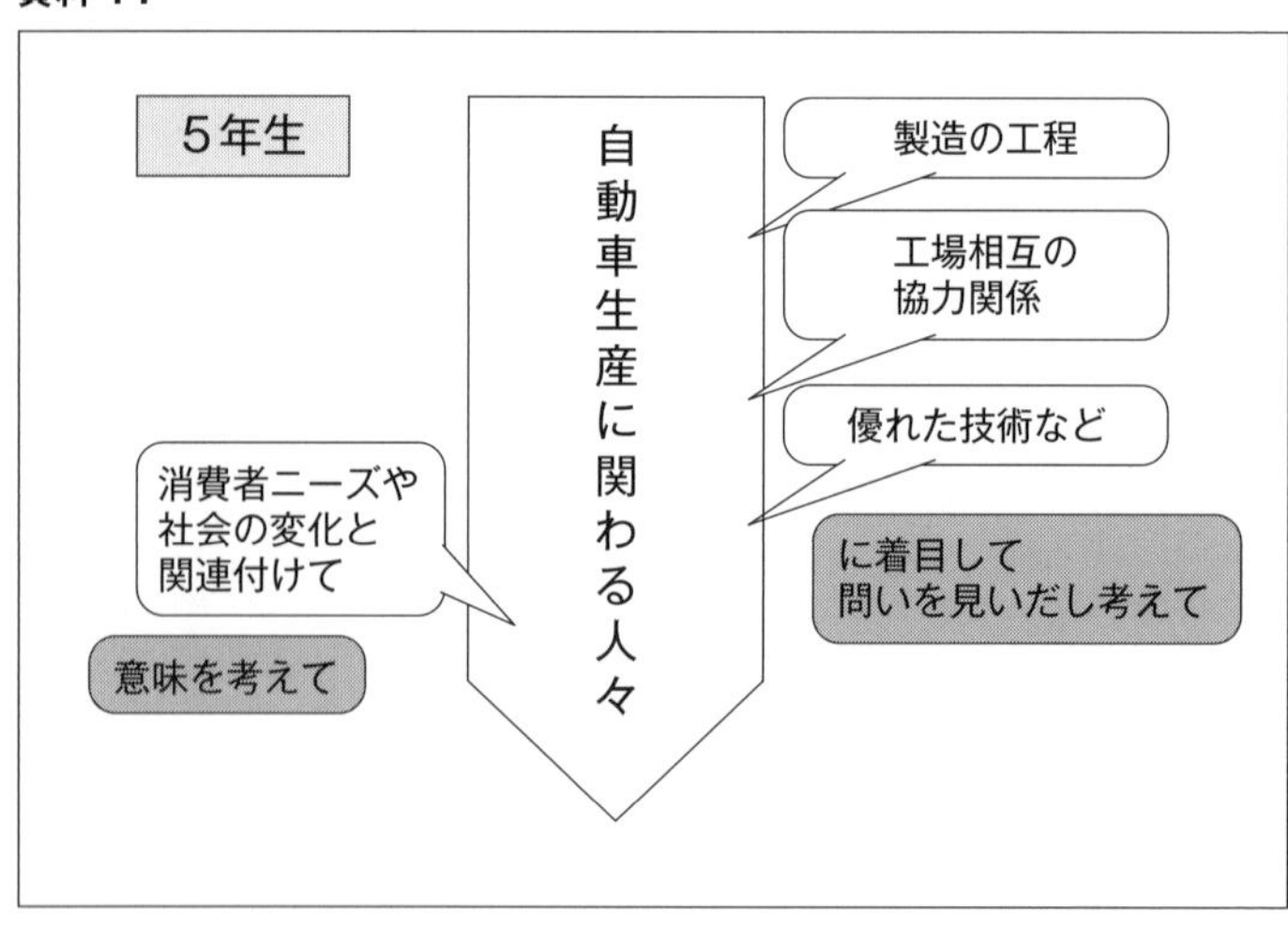

社会科における「見方・考え方」は、「事例や教材」の理解に終わりがちな学習を、「社会」の学習として成立させるための視野の拡大や適切な考察を促しています。

このように**「見方・考え方」は、その教科等らしい学び方の「ルート・ガイド」の役割を果たしている**のです。

また、上記の「着目する視点」に着目して学ぶ実際の授業では、その内容に応じてさらに「生産効率」「情報活用」「技術革新」など新たな視点（活用できる概念）を獲得します。それらがまた「社会的事象の見方・考え方」になり、学びが充実していくのです。

着目する視点については、学習指導要領改訂に向けた中央教育審議会答申の検討資料のなかで**資料18**の表の例が示されています。

資料18　考えられる追究の視点例

○位置や空間的広がりの視点
地理的位置、分布、地形、環境、気候、範囲、地域、構成、自然条件、社会的条件

○時期や時間的経過の視点
時代、起源、由来、背景、変化、発展、継承、維持、向上、計画、持続（可能）

○事象相互、立場相互の関係の視点
工夫、努力、願い、つながり、関わり、協力、連携、対策・事業、役割、影響、共生（共に生きる）

ただし、地理、歴史、公民の目線をしっかりともち、それらを総合的に駆使していく児童を育てるには、もっと視点を精緻化していく必要があるのかもしれません。あるいは、子供たちが議論したり、選択・判断の際の基準としたりするための視点がもっと必要なのかもしれません（たとえば、実現可能性、効率、効果、消費者ニーズなど）。

今後、教育実践が進むなかで、みなさんと一緒に考えていきたいと思います。

（澤井　陽介）

「見方・考え方」を働かせる学びのイメージ

では、どのように授業をデザインすれば、あるいは指導を工夫すれば、児童が「見方・考え方」を働かせる授業になるのでしょうか。

教師は教材化を進める際に、学習指導要領を基に、上記のような「追究の視点」をいくつか意識することが大切です。また、子供たち自身が働かせるものである以上、話し合いなど児童が自分の着目点や考えを出力する学習活動が重要になります。

ここで、あえて一つだけ「**見方・考え方を働かせる授業づくり」の条件を挙げるとすれば、「問いを工夫すること」になる**でしょう。

問いは、教師が資料提示の際などに児童に意図的に投げかける言葉である場合や、児童自身から資料などを見ながら湧き出てくる場合があります。児童が見方・考え方を主体的に働かせることにこだわれば後者が大切だと言えますが、私は前者でもよいと思います。結果的には、児童が見たり考えたりする方向付けがなされることのほうが大切だと考えるからです。

資料19に示すように、見方・考え方は資質・能力ではなく、それらを育成するための

資料 19　資質・能力を育成する学び方（プロセス）

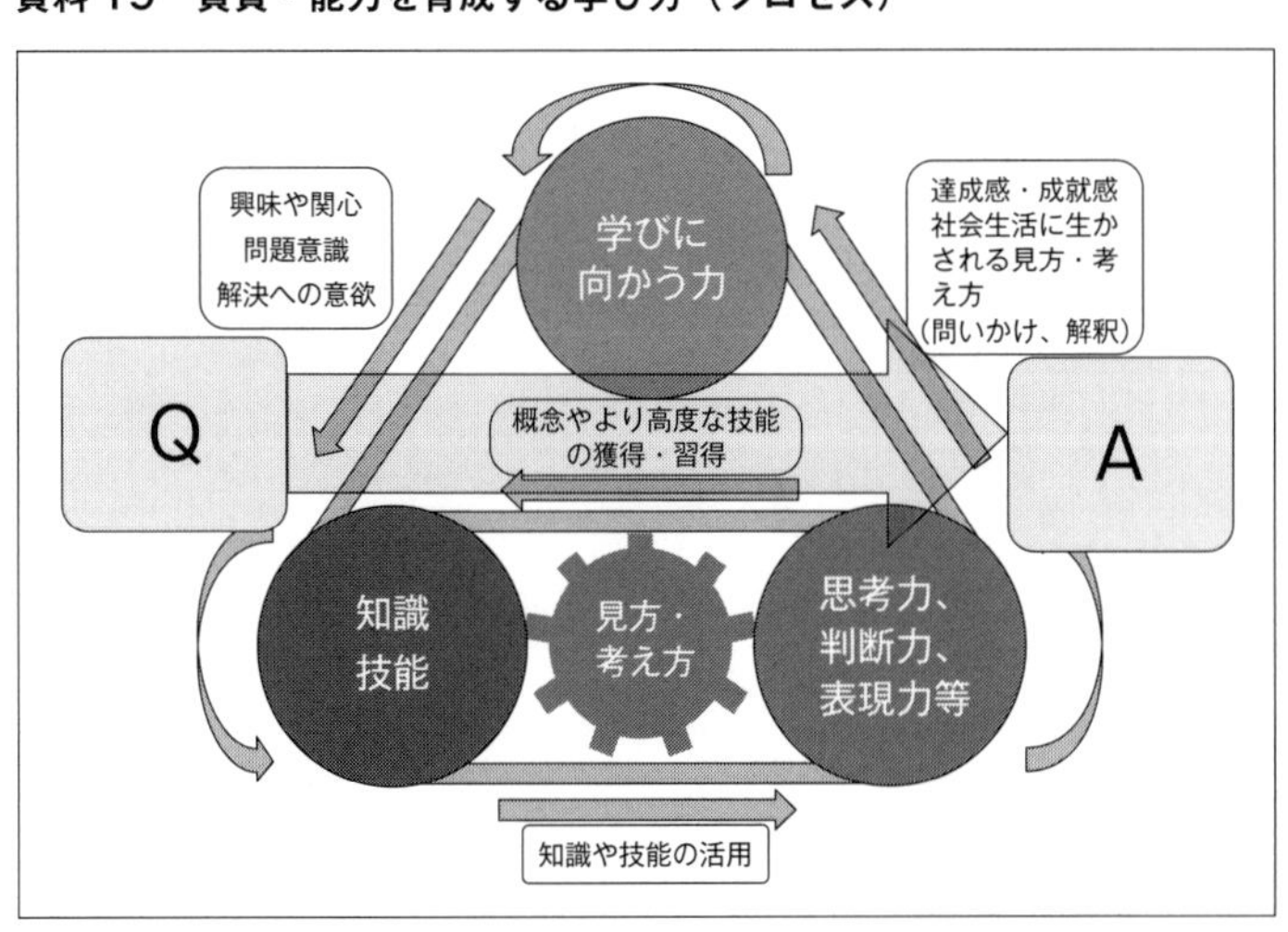

学び方（プロセス）を描いているものです。それらを児童自身が働かせるように教師が工夫・意図するとすれば、その対象は一番が「問い」（あるいは課題）になるのだろうと考えます。

次頁の**資料20**は、小学校3年生の「地域に見られる生産の仕事」で、教材として和菓子を取り上げた例を大まかな指導計画で表したものです。

活動の中心は、和菓子工場の見学や和菓子づくりの行程について学ぶことですが、それだけを取り上げると、「和菓子の学習」になってしまいます。職人の優れた技術に触れた児童が「すごい、私も将来つくってみたい」などと反応すれば、キャリア教育と捉えることもできます。「この店のおい

資料 20　指導計画「地域に見られる生産の仕事」

単元の目標：生産物の種類や分布、生産の工程に着目して、○○市の和菓子生産の様子を理解する。

学習活動・内容	手立て・留意点等
○　市内の主な生産物を知る。 ☆種類や分布に着目して市の盛んな生産物を捉える。	資料：主な生産物を位置付けた市の白地図
Q：どこにどんな工場が集まっているだろう。	
○　和菓子作り工場を調べる計画を立てる。 ○　和菓子工場を見学する。 ○　調べたことを基に、働く人の工夫点、努力点を考える。 ☆地域の人々の生活と関連付ける。	資料を提示する際や板書する際に教師からの意図的な方向付けが見られることが多い。 手立て：調べたこと（工夫点、努力点）を板書し「消費者」という言葉とつなげて表現するように助言する。
Q：なぜ、こんなに衛生面に気をつけているのだろう	
Q：なぜ、こんなにたくさんの種類をつくっているのだろう。	

しい和菓子をもっと宣言しよう」と反応すれば、総合的な学習の時間になってしまうでしょう。

こうしたことから、「社会科の学習」としての学びをしっかりと踏まえる必要があります。そのためには、たとえば「わたしたちの市にはどんな物づくりの仕事があるだろう」などと市の地図を広げて眺め、市の産業の学習であることを意識付けることが大切です。

また、和菓子職人の服装に着目させて「なぜ、こんなに真っ白で衛生に気を付けているのだろう」と食料生産の特性に触れれば「消費者」「お客」などの言葉を通じて地域との関連付けがなされることでしょう。

あるいは、「なぜ、こんなにたくさんの種類をつくっているのだろう」と、商品の多様化に目を向けるようにすれば、「私が日常食べるおやつやお客さんが来たときの高級品」などと自分たちの生活との密接なかかわりを考えることになるでしょう。いずれにしても、こうした問いを教師が工夫することが必要です。

「見方・考え方」を働かせる授業のイメージは、教師がその教科らしい問い（や課題）を工夫し、単元の目標に確実に向かうように仕掛けることです。ただしそれは、毎時間細かく考える（仕掛ける）というよりも、単元全体を見据えて、ポイントとなるいくつかの場面に「道標」をしっかりと置くものだと考えればよいでしょう。

（澤井　陽介）

授業研究の進め方

1　授業研究のプロセス

授業研究には大きく二つの目的があります。

一つは、教師としての指導技術を高めるために行うものです。多くの場合、初任者研修をはじめとする年次研修形式で行われています。話し方や表情、授業規律のつくり方、チョークの使い方など、授業をスムーズに進めていくために必要な技術を高めるための研修です。もう一つは、目指す児童の姿を設定し、その実現に向けて仮説を立て、具体的な手立てを講じて検証するものです。ここでは、後者について述べていきます。

2 授業研究の視点

小学校社会科の授業研究では多くの場合、チームを組んで進めます。授業者、チームのメンバー、メンバーをまとめる世話人といった構成です。このチームで授業研究を行う際に、しばしば視点となるのは「教材」「学習活動」「単元展開」「評価方法」です。これらを充実させることを手立てとして、目指す児童像の達成を目指します。

私が授業者や世話人として、また、校内研究の一員として進めたときのことを踏まえて、「教材」「単元展開」「学習活動」「評価方法」をどのように進めていったのかを紹介します。

(1) 教材

教材といった場合、かなり広い意味で使われていますが、小学校社会科の場合、おおむね「授業で扱う資料」と「その単元での題材（たとえば事例の選定）」といったことを示しています。両者とも重要なのは、学習指導要領に示されている「社会的な見方・考え方」を働かせられるものであるかということです。

私は、授業研究を行う際に、教材を社会的な見方・考え方、特に「時間的な視点」「空間的な視点」「相互関係的な視点」で分析するようにしています。見方・考え方を働かせて児童が社会的事象を捉えていくためには、そもそも教材にこれらの要素が含まれていなくてはならないからです。授業者として、これらの要素を明確に把握することが、まずは基盤となると考えています。

「時間的な視点」「空間的な視点」「相互関係的な視点」で教材を分析し、授業者として必要な要素を見付け出せれば、児童がそれに着目するような問いを構想することにつながります。このように教材を分析することで、理解を促すポイントが明確になり、目指す児童像につながる学習となります。

(2) 単元展開

教材分析から見いだした問いのうち、各時間のなかで中心的なものとなるものを選びます。と同時に、児童の思考を想定しながら、各時間のねらいの順序を考えて単元としてのストーリー展開をつくっていきます。

小学校社会科の場合、単元のなかで最も中心的な問いが学習問題として設定され、この学習問題を分解したものが各時間の問いとなります。どこで学習問題を設定するのか、各時間の問い（と、ねらい）はどのような順序がよいのかを単元展開として考えていきます。

(3) 学習活動

単元展開が決まったら、次は各時間の学習活動を考えます。ここでは、児童が問いを見いだし、考えをもてるようにするための方法を検討します。

話し合いの人数や形態を検討することもあるでしょう。学習用具（例：ホワイトボードやタブレット端末）の導入やロールプレイを取り入れることもあるでしょう。最近では「思考ツール」と呼ばれるフレームワークを取り入れる手法も広がっています。

また、小学校段階での学習ということを考えると、児童の心情面も大切にして学習活動を考えたいところです。社会に見られる課題に切実さを感じたり、社会のなかで努力している人に対して、心動かされ嬉しい気持ちになったりすることを大切にするということです。それらを「目指す児童像」との兼ね合いから検討することを通して、より適切な学習活動を決めていきます。

(4) 評価方法

評価方法の検討とは、ねらいの達成を見取るための活動を検討することです。これは、「目指す児童像」の見取り方の検討ということでもあります。

しばしば用いられる評価方法に「関連図づくり」があります（資料21）。児童の学習活

資料 21　思考ツールを活用した学習（関連図）

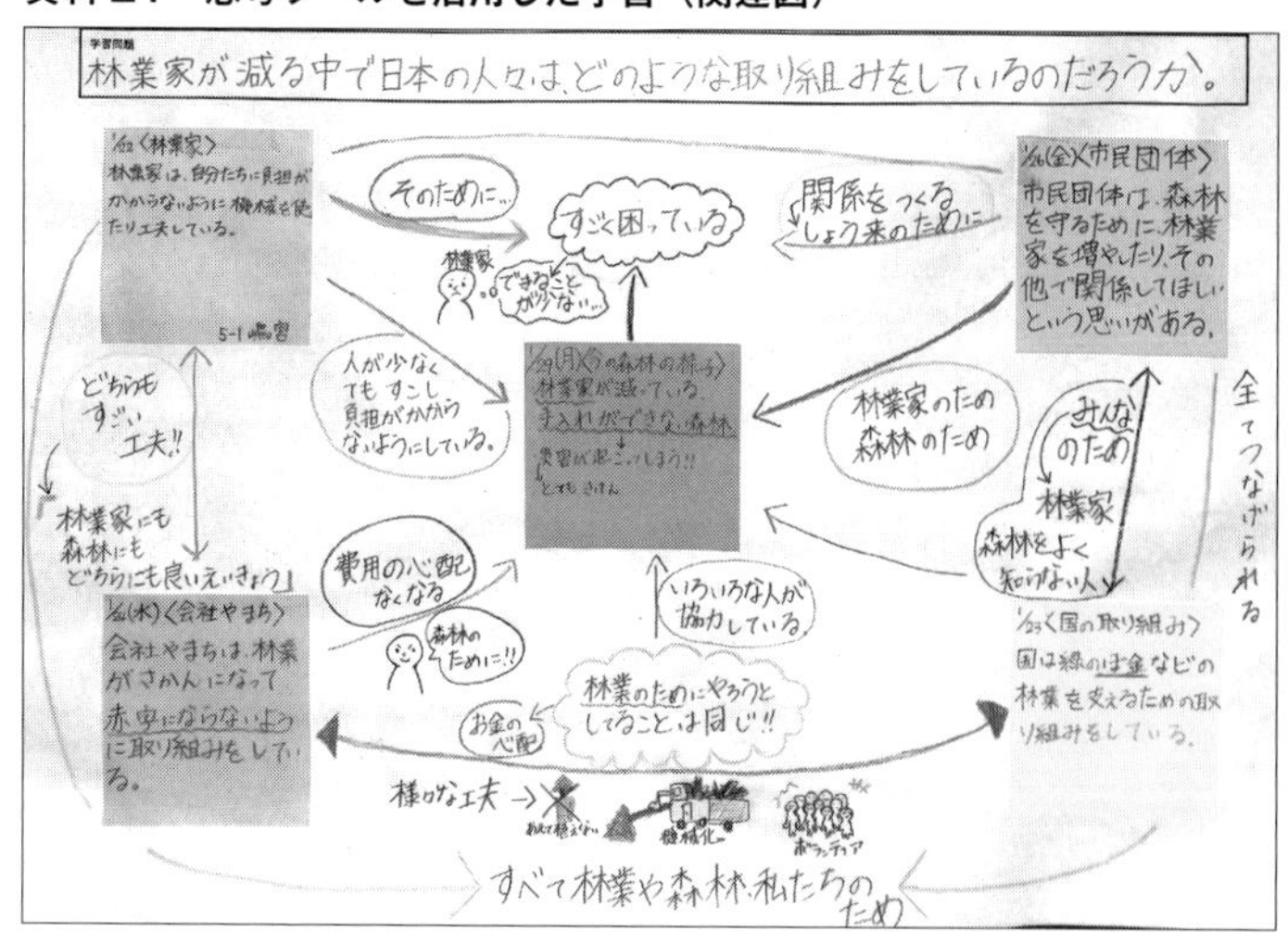

動として単元計画に位置付けることで、児童が深く考えられるようになり、学習の達成度を見取りやすくなります。

もう一つ大切なポイントがあります。それは、「授業者と児童に手立てがフィットするか」ということです。

検討を重ねていくにつれて、研究という大義名分のもと、実現不可能な理詰めの授業を構成してしまう恐れもあります。そうならないようにするために、授業者がイメージをもてるか、児童に負担をかけすぎていないかについても併せて考えておきます。

（横田　富信）

研究協議会の進め方や議論点

1　研究協議会のプログラム

本校は平成26～30年度にかけて、小学校社会科を軸にした校内研究に取り組みました。研究授業を参観した後の協議会は、授業を行ったその教室を会場にして行っていました。研究協議会は、次のような流れで進めました。

- ●分科会提案（目指す児童像と手立ての説明）
- ●授業者自評（授業者としての手応え）
- ●研究協議（提案についての議論）
- ●講師の先生からの指導講評

ここでは、本校における「研究協議会」の取組を紹介します。

2　全員参加の研究協議と議論点

研究協議では一部の教師のみが発言し、その他は聞いているだけになってしまうことがしばしば見られます。また、「教材の工夫」「学習活動の工夫」といった細かなことが協議の議論点だと全員参加が難しくなってしまうことも懸念されます。そこで「協議の議論点」と「グループ協議」の二つを工夫しました。

資料22　研究協議会の様子

(1)　「学び合いの充実の工夫」「振り返りの充実の工夫」を議論点とする

研究協議会では「目指す児童像」と手立て（教材・単元展開・学習活動・評価方法）とのかかわりが根本的な議論点です。そうはいっても、授業は手立てが独立しているわけではなく、複数の要素が絡みながら展開されていきます。

そこで、本校では「学び合いの工夫は有効だったか」「振り返りの工夫は有効だったか」といった、やや広く示したものを議論点としました。このようなやや広い議論点は抽象的な話し合いになりそうなところですが、実際に取り入れてみると、次のように、教師同士が自然と手立ての要素を関連付けながら協議を進めるようになりました。

「資料が□□だったから、児童が目的意識をもってペアで話し合えていた」

「本時の問いと振り返りの視点が正対していたので、児童が自分の理解度を確かめることができていた」

(2) 経験年数別グループでの協議

全体での協議の前にグループ協議を入れる例が校内研究や地区の研究会で増えています。本校では、経験年数別でグループを編成して協議を行うようにしています。

Aグループは1校目、Bグループは2校目、Cグループは3校目以上といったものです。自分と近い経験年数の教師同士で議論できれば、ベテランの意見を一方的に聞くことにはならず、若手教師も含め「一人一人のアウトプットの機会が確保できる」と考えたからです。

経験年数別グループで協議したことは、後に全体の場で発表することにしています。

その順番も若手、中堅、ベテランという流れで行っています。

ベテランの発表の後だと、「変なことを発言しているかもしれない」といった気持ちになるかもしれません。若手から発言するようにしたことで、率直な意見や疑問が出されるようになり、全員参加の協議会となりました。

資料23　協議内容の整理

A　自分の力を役立てようとする子どもの育成

◎学び合い

○めあてが分かりやすく全員が自分の考えをもてた。
⇒焦点化されていた。

○学び合いの中で自分の意見と反対の意見を聞いて考えに変化が見られた。
深まる　変わる　新しい考え

◎振り返り

視点が明確になることで学習内容について具体的に振り返ることができた。
⇒自分が「今できること」まで考えられると、もっと良いのでは？
ex)○もっと憲法について知ろうと思った。
○子ども議会に参加しようと思った。
実生活に結びつける投げかけをできないか。

3　表面的な協議会とならないようにする

研究協議会で時に見られるのは、指導技術についての指摘で終始してしまうことです。表情や声の調子、立ち位置などの意見ばかり出てしまっては授業研究としての深まりがない表面的な協議会で終わってしまいます。

本校では、「目指す児童像の達成とそのための手立ての検証」という趣旨から外れないように、各グループでの意見や疑問を模造紙に整理しながら議論をしてもらうようにしています（資料23）。ここでのポイントは、上段に研究主題を、中段に手立てを書くことです。

このようにすることで、教師一人一人が「どの議論点について協議しているのか」「目指す児童像に対して手立ては有効だったのか」といった、協議会本来の目的を常に意識しながら協議を進めるようになりました。

ここまで小学校社会科での研究協議会について、本校での取組を踏まえて述べてきました。

社会科の授業研究として協議会を進めるためには、指導技術についてではなく、目指す児童像とそのための手立ての検証を中心とする必要があります。議論点の設定の仕方やグループ編成を改善することで、本校では社会科を通した授業づくりのアイデアがたくさん生まれるようになっていると感じます。

4　校内研究における社会科の位置付け

(1)　小学校全科教師としての社会科研究

社会科は3～6年生までですので、低学年における取組についても考えておく必要があります。他校では生活科を取り上げている実践がしばしば見られますが、それに対して、本校では国語科を取り上げ、社会科との連携を図っています（本校の特別支援学級では、国語科や生活単元学習で研究を進めるようにしました）。

社会科と国語科を連携させて研究する目的については、次のように設定しています。

〈社会科を研究する目的〉

●社会科の教科目標を達成する授業を行えるようにする。

●問題解決的な授業スタイルを授業の基本とし、教師が身に付ける。

●話し合いのある授業を通してよりよい学級経営につなげる。

〈国語科を連携させる目的〉

●すべての学習を支える基盤としての力を育成する（国語科の研究自体は低学年が中心となる位置付けになっているが、実際は中・高学年も国語科の学習を社会科に生かすようにした）

ここでは国語科との連携を図りつつ、校内研究としての社会科をどのように進めていったのかについて述べていきます。

資料24

本時で追究するめあて
放送局の人々は、情報を伝えるためにどのような取組をしたのだろう。

ことばの力を生かす活動	具体的な活動	手立て
的確に情報を得る活動【読む力】	・情報を伝えるための取組について情報を見付け、資料に印を付ける。	・必要に応じて「何のためにしているのか」と助言をしながら目的にも着目させて読み取らせる。
得た情報を基に思考し表現する活動①【書く力①】	・放送局の人々はどんな思いで情報を伝えようとしていたのか考えを書く。	・情報を伝えることは誰のどんなことにつながるのかに着目させる。
考えを伝え合う活動【話す・書く力】	・放送局の人々はどんな思いで情報を伝えようとしていたのかについて話し合う。	・友達の意見との共通点や相違点を示しながら、テレビ放送を見る人との関わりに着目させる。
得た情報を基に思考し表現する活動②【書く力②】	・本時のめあてに対する自分の考えを書く。	・友達の意見を踏まえ、自分の考えに付け足すことや修正が必要なことを意識して書かせる。

本時でめざす児童の考え
放送局の人々は、見ている人がすぐに役立てられるように、緊急事態に備えたり伝え方を工夫したりしていた。

(2) 社会科を軸とした校内研究の進め方

平成26、27年度の校内研究では、社会科の問題解決的な学習（つかむ・調べる・まとめる）の流れに国語科の要素である「読む」「書く」「話す・聞く」を位置付けました（資料24）。「資料から必要な情報を集める（読む）」、「集めた情報を活用し問いについての自分の考えを書く（書く）」、「問いについて話し合う（話す・聞く）」となります。

平成29、30年度の校内研究では、社会科の問題解決的な学習に国語科で培った力を生かすという考え方が校内に定着したと考え、さらに「主体的・対話的で深い学び」の実現に向けた学級集団の育成を意識して研究を進めました（社会科を軸にし、国語科との連携を図るという形は同様）。

研究の内容は「学び合いを充実させるにはどうすればよいか」「振り返りを充実させるにはどうすればよいか」としました。「学び合いの充実」に関しては、「目的の明確化（問いの設定など）」「児童の学び方のスキル（国語科で培った力の活用）」「話し合いの形態」などを視点としていました。「振り返りの充実」に関しては、「自身の理解度を捉えさせる方法」「次への目標をもたせる方法」などを視点としていました。

校内研究は、社会科を専門とした教師だけが取り組むものではありません。小学校であれば社会科以外を専門とした教師が多くいます。こういった教師の視点を取り入れていくことも校内研究として重要な点となりました。

つまり、社会科としての教科目標を大切にしつつ、社会科と他教科との相乗効果が生まれるように組み合わせていくということです。本校では「国語科で学習を支える基盤を育成し、社会科での問題解決的な学習を充実させ、他教科にも学習の進め方を広げていく」ことがそれにあたります。

(3) 社会科の研究から広げていく

「他教科にも学習の進め方を広げていく」といっても、実際は難しいものです。平成29、30年度は「社会科の研究から広げていく」という意味合いをもたせた研究でした。

研究主題については、「自分の力を役立てようとする子どもの育成～学び合いと振り返りの充実～」とし、社会科を軸にしながら他教科にもつながる「主体的・対話的で深い学び」の実現を目指していきました。

研究主題の文言については、「検証が難しいのではないか」「教科とは関係のないものになるのではないか」という声もありましたが、結果的には専科の教師も研究内容を自身の教科に当てはめて授業研究を行っていました。

本校の社会科を軸とした校内研究は、教科目標を達成できる学習をつくると同時に、その社会科学習の進め方から他教科に応用できる要素を抽出しようとした研究でもありました。

このような形で校内研究を進めることができたのは、研究主題の力が大きかったと考えています。言い換えれば、研究目的を共有できたことが大きかったということです。全科の教師として学習を進める小学校で、社会科研究を進めた一つの成果でした。

令和2年度以降、本校は算数を軸とした校内研究を進めています。社会科を研究の軸とした成果が現在も残っており、他教科の基盤となっています。

（横田　富信）

児童観と学級経営

1　なぜ多くの児童が社会科に「つまずき」を感じるのか―その理由

社会科は社会認識であったり、多角的な思考力・判断力であったり、捉えにくい思考が多く働く教科であり、目に見える「つまずき」が捉えにくい教科です。また、生活経験の格差が大きいことから、社会的事象の捉え方に「つまずき」を感じる児童も出てきます。さらに、「覚える内容が難しく、そもそもおもしろくない」という声も聞こえてきます。

多くの児童にとっての社会科は、好きな教科ではないというのが現状です。好きではない教科であるがゆえに、児童がつまずきやすくなります。つまずくからまた好きになれないという、まさに負のスパイラルです。

2　なぜ「つまずき」が学級づくりに生かせるのか

(1)　授業で学級をつくる

児童が「つまずき」を多く感じている教科だからこそ、「つまずき」を解消し、「つまずき」を生かす授業にできる可能性が考えられます。「つまずき」を全員で解消し、一人の「つまずき」から学びが深まるという経験は、児童に大きな喜びを生み出します。

(2) 共有すること

「つまずき」を感じている児童に寄り添いながら全員理解を目指すために、一人の考えのよさを全員に広げ、全員でよりよい考えをつくりだしていく「共有化」が必要です。「共有化」を図ることで、理解のゆっくりな児童は、他の児童の考えを聴きながら理解を進めることができます。理解の早い子は、他の子へ考えを伝えることでより深い理解につなげることができます。このように、「学級のみんなと学ぶと、より学びが深くなる」ことを実感させることができます。

「共有化」は、学びを深めるとともに、発言した児童も聴いていた児童も幸せにできる可能性を秘めています。「共有化」の方法は、**資料25**のように「再生」「継続」「暗示」「解釈」などが考えられます。

(3) 安心感をベースに

「共有化」を行うベースとなるものは、「安心感」です。「何を言っても受け止めてもらえる」「間違えても価値付けてもらえる」「分からなくても助け合える」ことを、児童が感じているかが重要となります。そのために、誰でも自由に話せる雰囲気をつくることが大切です。

その一つの方法として、授業のなかで予想する場面を増やし、「発言する」というハードルを下げることで、発言することに対する抵抗感を減らしていきます。そして、そのなかで出てくる「分からない」という声を賞賛し、「分からない」という声があるからこそ、学習内容が深まったり発展したりするということを価値付けます。日頃の授業に対する意識とその積み重ねが、児童の「安心感」をつくり出します。

資料25　共有化の方法

	どのように
再生	「○○さんが言ったことをもう一度言える人？」 「○○さんがとっても大切なことを言ってくれました。○○さんの発言の大切な部分を隣の人と伝え合いなさい」
継続	「今、○○さんが『～だけど』と言いましたが、○○さんがその続きにどんなことを言おうとしているか予想できる人？」
暗示	「○○さんがよい事に気づいています。今から○○さんにヒントを出してもらいます」
解釈	「今、○○さんが～と言った意味がわかりますか？」

(4)「感度」を高める

社会科の授業をしているときによく思うことがあります。社会科は児童の生活経験がより表れ、その子「らしさ」がよく出る教科だということです。その子「らしさ」を出すには、次の二つが必要です。

●十分に対話する時間とゆとり
●おもしろいと感じる「感度」

十分に対話する時間とゆとりがなければ、児童の内面にあるその子の生活の論理を引き出すことはできません。児童の声を十分に聴くことができる授業を心がけたいものです。

また、児童の生活経験に違いがあるからこそ、その子独自の考えが生じます。その違いを「おもしろい」と思える「感度」が必要です。**子どもの「感度」が高くなるのはやはり、教師の「感度」が高いとき**です。

他の教室を覗いてみて、教師が子どもの発言をおもしろがれている学級は、すべからく子どもたちも仲間の発言の違いをおもしろがれています。教師が日頃から様々なものに対しておもしろがれているのか、子どもの発見や発言に対しておもしろがれているのか、問い直すことは非常に重要です。

児童の「感度」が高くなると、身の周りの様々なものに対する見方が変わってきます。見方が豊かになり、人の気持ちにも敏感になってきます。児童のもつ「感度」は、学級の豊かさのバロメーターでもあります。

（宗實 直樹）

教師にとっての社会科の課題

1 なぜ、社会科は「難しい」と言われるのか

小学校社会科の学習内容の把握や指導方法は、多くの教師の悩みの種となっています。「何を教えたらいいのか分からない」「どのように教えたらいいのか分からない」という声を多く聞きます。

(1) 学習内容の把握

学習内容は、学習指導要領に記載されています。しかし、学習指導要領の読み方が分からなければ容易に読み取ることはできません。簡単にすると、次のような順で読むことができます。

資料26　学習指導要領の規定の構造

学習内容

(3)　地域の安全を守る働きについて、学習の問題を追究・解決する活動を通して、次の事項を身に付けることができるよう指導する。

知識

ア　次のような知識及び技能を身に付けること。

(ア)　消防署や警察署などの関係機関は、地域の安全を守るために、相互に連携して緊急時に対処する態勢をとっていることや、関係機関が地域の人々と協力して火災や事故などの防止に努めていることを理解すること。

を通して

調べ方（技能）

(イ)　見学・調査したり地図などの資料で調べたりして、まとめること。

イ　次のような思考力、判断力、表現力等を身に付けること。

見方（視点）

(ア)　施設・設備などの配置、緊急時への備えや対応などに着目して、関係機関や地域の人々の諸活動を捉え、相互の関連や従事する人々の働きを考え、表現すること。

考え方（思考）

（学習内容）について、（見方）に着目して（調べ）、（思考）を通して、（知識）を理解できるようにする。

これらをしっかりと押さえることで、「何を教えるのか」ということが明確になります（資料26）。

(2)　指導方法の工夫

教科書には、本文以外にも多くの資料が掲載されています。「社会科は資料で勝負」と言われます。資料をもとに調べたり考えさせたりするところに社会科らしさが表れます。しかし、その資料の効果的な扱い方が分からないため、教科書本文の読み取りのみで行われる社会科授業も見受けられます。

資料は、「見せ方」を工夫すると効果的です。たとえば、「資料の一部をかくす」「ダウトをつくる」「並べる・比べる」「アップにする・ルーズにする」などが考えられます。

資料の見せ方の工夫をすることで、その部分に焦点が当たり、児童が「問い」をもち、思考し、授業のねらいに迫るきっかけとなります。資料の見せ方を少し工夫するだけで、児童の関心を惹きつけ、最終的に概念的知識をしっかりと獲得できる「考える社会科」となります。

2　なぜ「学び方」を学ばせることは難しいのか

(1)「学び方」の変化

今回のコロナ禍で児童の学習に大きな空白が生まれました。その空白をどのように埋めていたのかは、児童によって大きく違っていたでしょう。

学びを止めず、自分で学びを進めることができた児童は、「学び方」を知っていた児童たちです。これからまた何が起こるのか分からない時代、自分で「問い」を立て、問題解決を図れる力が非常に重要だと考えられます。

しかし、それは簡単なことではありません。どのような「問い」を必要とし、「問い」を解決するためには何が必要で、どのような方法で調べていくのか、これらの「学び方」

を系統的かつ明示的に指導する必要があります。

そうするには、学習の仕方を大きく変えていく必要があると感じます。一斉授業だけではなく、児童を信じて児童に預ける時間を増やすという教師の「覚悟」が必要だと考えます。

資料27　ロイロノートを活用している様子

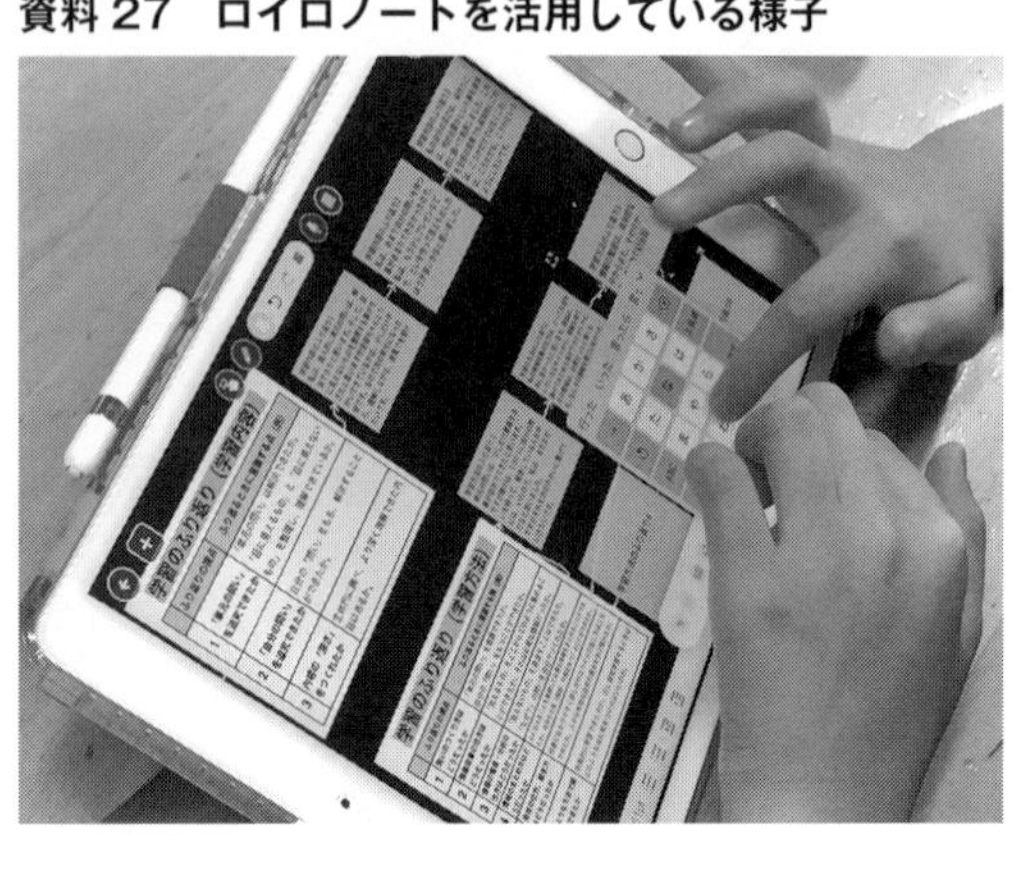

(2)「学び方」を変える端末機器

児童の学び方を加速度的に進めるのが、ＩＣＴ機器です。

一人一台端末環境が実現しています。今まで授業中に調べる対象物が教科書や資料集等の紙媒体のみでしたが、インターネットで容易に調べられるようになり、調べる活動の幅が大きく広がりました。ロイロノート等の学習支援ツールを使えば、自分が得た情報を整理し、まとめ、発信するような探究的な学習も進むでしょう（資料27）。

しかし、ここで気を付けなければいけないことがあります。探究的な学習を進めた結果、社会科の教科として獲得する知識レベルは本当にそれでいいのか、ということです。

追究の方法は身に付いていきますが、社会科として獲得させる概念理解が不十分なことがよくあります。そうならないためにも、児童自ら「なぜ～？」という概念的理解を導く「問い」を設けながら追究していく必要があります。

「目には見えないもの」を意識して追究するべきです。「学習内容」が疎かになることが考えられるので、「学習内容」と「学習方法」をしっかりと分けて振り返らせる必要もあるでしょう。

「学び方」は自分で獲得できるようにしていきますが、児童だけではたどり着けない世界があるときは、教師が躊躇せずに導くべきです。自分たちだけではたどり着けなかった世界を見ることで、さらに児童は自分で追究しようという意識が生まれます。

3 小・中学校で教師の意識に違いが生まれるのはなぜか

(1) 地域による違い

①地域性

小学校の3年生、4年生は地域の学習です。地域によっては学習を充実させやすいものとさせにくいものがあります。たとえば、島にある学校であれば、海にかかわる学習はやりやすくなります。それに対して町中の地域であれば、お店や商店街の見学がしやすいでしょう。その地域によって、身の周りにある教材となり得るものや施設、地域の人々との長年のつながり等が違ってきます。

②副読本

社会科の副読本は、各地域の社会科部会の方々によってつくられることが多いものです。したがって、地域の特性が細かな視点で書かれており、地域の特色あるガイドブックとしても意味があるものとなっています。

自治体によっては「港」や「森林」に特化した副読本もあります。そのような地域では、貿易や運輸、自然環境にかかわる単元でより深く学ばせることができます。

いずれも内容が充実しているものが多く、地域に寄り添った授業を行うことが可能になります。副読本という「もの」が存在することで、その自治体の小学校での学習の効果は大きくなります。

(2) 学校事情による違い

①研究校かどうか

校内全体で社会科を研究している小学校はほとんどありません。低学年社会科が廃止され、低学年担任が社会科を指導しないということもあり、仕方がないのかもしれません。少なくともここ10年近くで、社会科を研究教科としている学校は市内でも1、2校あればいいほうです。国語科や算数科に比べて各校における研究が進んでいないのが社会科です。しかし、社会科の研究校になれば、その分だけ研究は加速度的に進んでいきます。そのため学校間の差が大きくなると考えられます。

研究校になったときに、研究の成果がその後も継続的に継承されていくようにすることが重要です。「教科」という枠組みでの研究ではなく、教科横断的な研究としての一つの教科が社会科であるようにするほうが、今は現実的なのかもしれません。

②継承されているかどうか

学校に社会科資料室や教材室がある学校とそうでない学校があります。あったとしてもその扱い方は学校によって大きく違っています。

資料室や教材室に入れば、社会科がどのような意識で扱われているのかがよく分かります。もちろん学校の教室数などの規模や環境の問題にもよります。しかし、資料室や教材室にあるべき資料やものを残していこうという意識があれば、スペースの確保はできるはずです。そこへ行けば社会科の資料や道具が整理されて置いてあるということが重要です。

また、教師はそこに何があるのか把握しておらず、全く使用されていないという現状があります。たとえば「あるものリスト」等をつくって、そこにどのようなものがあるかを周知し、活用できるように促す必要もあるでしょう。学校の「共有財産」として、有効活用していこうという意識が必要です。

(4) 教師の意識の違い

①同僚性の問題

社会科だけではありませんが、自由に授業を見合うことができる関係性が教師同士にあるかが重要です。戸田久雄氏は『話し合いが個を育てる』(1991年)のなかで、「裸になること」の重要性を説いています。

どの教師も「普段の授業」をお互いに公開して見合い、ざっくばらんに話し合いをすることです。自由に教室をのぞきに行けるような風通しのよさが必要です。このあたりは、管理職や研究主任の体制づくりや雰囲気づくりがポイントとなりそうです。

②担当者としての問題

自治体の社会科担当者や組織の熱量によって大きく左右されます。どの自治体も熱心に研究していますが、その熱量の差は自治体によって違います。それを各学校に持ち帰るのですから、差が出るのは仕方ありません。
また、各自治体の担当者会で学んできたことを、担当者が校内でどのように広めていくのかも重要です。たとえば、自ら授業を行って、参観してもらったり、担当者会の報告文書を作成して共有したりすることなどが考えられます。しかし、他教科の授業準備や、ほかにも担当を複数もっている学校の担当者にとっては難しいところもあるでしょう。

（宗實　直樹）

第3章 中学校編

教材研究の進め方

1　教材とは何か

教材とは、教科の目標や目的を達成するために必要な素材です。その代表的なものは、学校教育法34条に規定されている教科ごとに主たる教材として編成された教科書です。また、教科書以外の教材については、「有益適切なものは、これを使用することができる」とされています。

授業を行うに当たって最も重要になるのが教材です。特に、歴史的分野では、（学習法の工夫なり充実は大切だと思いますが）学習内容こそが最も問われることになります。そのため、教科書や資料集などの資料をどのような構成で理解できるようにするかがポイントです。ただし、歴史的分野の教科書は、表面的なことしか書いていないので、ただ読むだけでは生徒は理解できません。時代背景や事実関係といった、ある出来事の裏側にある知識と関連付けながら読まないとおもしろくないし、肝心の理解に届かないのです。これが、教科書だけではなく、様々な資料を必要とするゆえんです。

とはいえ、いきなり原典だと厳しいので、歴史的に重要な絵だったり資料だったり、その時代や出来事を説明するような内容を生徒にも読め解けるように、かみ砕いたものにして提示し、その時代背景を考えられるようにすることが大切です。

さらに言うと、資料が充実してさえいれば理解に届くわけでもありません。教材だけに頼ろうとすると、学習内容が先行してしまうからです。そこで、学習内容の理解に届く学習活動の工夫とセットで考えることが必要なのです。

2　教材作成において留意すること

たとえば、地理的分野における教材作成については、次の点に留意します。

- 生徒が興味・関心をもって主体的に学習に取り組むことができる教材であること。
- 地理的な見方・考え方を働かせることにより、地理的認識を深めるとともに、地理的概念を獲得したり、持続可能な社会を構想したりすることができる教材であること。

いずれも共通する点は、生徒の「理解の入り口」にすることです。

以下、地理的分野を中心に紹介します。

(1) 地図帳を上手に教材化する

中学校の地理的分野では、世界も日本も諸地域学習を行います。世界の諸地域は、州ごとに様々な面から地域を大観させるとともに、主題を設けて地域的特色を捉えさせることになります。地域を大観させるのに最も有効な資料の一つが地図であり、様々な地図が掲載されている地図帳は、地理的な認識や地理的な見方・考え方を深めるのにたいへん有効です。

たとえば、「世界の諸地域　ヨーロッパ」では、「なぜ、EU統合を行うのか」を主題として地域的特色を捉えさせることが多くあります。その前提として、自然環境やスケールなどを明らかにすることが地域を大観することになります。

中学校社会科地図のヨーロッパの一般図を見ると、北部のスカンジナビア半島にはフィヨルドと呼ばれる複雑な海岸線や湖が多く見られます。これらは、氷河が地面を削り取ることで形成された地形です。

世界全図で、似たような地形がないかを調べてみると、カナダの北部や南米大陸の最南端にも同様の地形があることが分かります。景観写真をみると、これらの地域は極に近く、美しい湖や針葉樹林が見られます。両極に近く冷涼な気候であるため、似たような氷河地形や植生になるのです。

さらに、ヨーロッパの一般図には、同緯度、同縮尺の日本地図が描かれていることもあります。これをみると、北海道がフランス南部からスペインにかけて位置していることが分かります。このことから、北海道よりも北にあるヨーロッパの多くは、寒冷な地域であることを予想する生徒が多くいます。

しかし、「世界のさまざまな気候」の主題図と関連付けてみると、ヨーロッパの西側の多くが温帯の西岸海洋性気候になっていることが分かります。これは、暖流の北大西洋海流と、その上を吹く暖かい偏西風の影響により、日差しは弱いものの、冬でも暖かいことを意味します。

また、日本とヨーロッパのスケールを比較すると、ヨーロッパは小さい国が集まっていることに気づきます。このように小さい国が集まって成り立っているために、少し列車に乗ると、いろいろな国に行けてしまうのです。このことが、資源を有効に活用し、人やモノの流れを自由に行うEU統合の前提条件になっているのです。

以上のように、**地図帳に掲載されている1枚の地図だけでなく、様々な地図を比較したり、関連付けたりすることによって、地域をより深く理解する教材になる**のです。

(2) ワークシートの作成

新学習指導要領では、主体的・対話的で深い学びが求められています。主体的に学習するには、個に応じた指導を行う教材としてワークシートが有効です。

深い学びとは、各教科の本質を深く理解するために不可欠な概念の習得につながるものです。したがって、学習を通して、容易に答えられるものから、深く考察しなければ概念的知識が獲得できないものに至るまで、各設問に答えるのに必要な地図やグラフ、景観写真などを位置付けたワークシートを作成することが大切です。

また、単元の終わりには、地域の課題を解決するにはどうしたらよいか、といった価値判断や意思決定を行うような話し合いの場面を設けることが、主体的・対話的で深い学びに結び付きます。

なお、ワークシートを作成する際、授業を展開するのに必要なパワーポイントや景観写真、映像資料、グーグルアースなどのＩＣＴ教材を組み合わせることが大切です。こうしたワークシートを活用することで、生徒の興味・関心を高め、分かる授業が展開できるようになります。

3　どのように教材研究を行うか

教材研究において重要なことは、教材の内容の本質的な理解です。たとえば、公民的分野であれば、次のような考え方です。

物の価格はみんなのニーズに合わせて決まる。誰でも簡単に手に入れられるものであれば値段が安く、希少性のあるものであれば値段が高くなる。日常生活を送るなかでも、生徒は感覚的に知っていることです。こうした本質を教材の内容にどう結び付けるかが、教材研究の肝だと思います。

ここでは、教師の見聞を広める観点から述べたいと思います。

(1)　教師自身が様々なことに興味・関心をもつ

中学校は、部活指導、生徒指導、進路指導、委員会指導など、非常に多くの日常業務があり、教師は忙しい日々を送っています。そのようななかにあっても、教師にとって最も大切なのは日々の学習指導、すなわち授業です。充実した授業を行うためには、十分な教材研究を行うことが必要です。

特に、社会科の教師は、地理的分野、歴史的分野、公民的分野と、指導する内容が多岐にわたっているために、日常生活のすべてが教材に結び付きます。そのため、常にアンテナを高くしておき、毎日のニュース、新聞、テレビ、本、旅行、映画、買い物など、見たり聞いたり、体験したりしたあらゆることを、授業と関連付けることが大切です。

こうしたなかから、まず教師自身が、「へー」「意外だな」「感動した」「面白い」と思えるような社会的事象を日々の生活のなかで見付け、教材化するよう努めることが大切です。

(2) 旅行に行く

（前述のとおり）中学校教師は日々多忙ですが、長期休業等もあるので、暇を見付けて旅行に出かけることを心がけたいものです。

地理的分野の学習は、世界も日本も諸地域を扱います。また、歴史的分野の学習では、世界史も日本史も含まれています。情報が発達した今日、インターネットを使えば、国内はもとより、世界中の情報を瞬時に手に入れることができます。

しかし、インターネットや写真などで得た情報と、実際に自分が現地に行って見たり聞いたり、経験したりしたこととでは、授業をしたときの説得力が違います。現地に行き、様々なものを飲んだり食べたり、見たり聞いたり、感じたり体験したりした経験に勝るものはありません。現地で撮ってきた写真、映像、買ってきたお土産など、すべてが教材になります。地理や歴史は、実際に現地に行ってみることが特に大切なのです。

（池下 誠）

課題解決的な学習の実際

1 「適切な課題を設けて行う学習」とは何か

平成元年版中学校学習指導要領において、「適切な課題を設けて行う学習」が明記され、①各分野で行うこと、②内容や程度の範囲に十分配慮すること、③事項を再構成するなど工夫をして行うこと、などの留意点が示されました。

それ以降、中学校の現場において試行錯誤しながら研究・実践が進められています（現在は「課題学習」「課題解決的な学習」と呼ぶことが多い）。中学校では、この課題を「学習課題」と呼び、一般的には、単元目標の実現に期する課題を設定して生徒に提示するものとされています。

2 「課題解決的な学習」の展開

中学校で実施されている「課題解決的な学習」は、次のような展開が想定されます。

①**課題把握**（生徒の興味・関心を高めさせ、〝なぜ～〟などの疑問を抱かせる）

●教師が授業の目標（主題）に関係する事象を提示したりする。

②**課題設定**（生徒の疑問を発問や話し合いを通して、さらに深め学習課題とする）

●生徒の発達の段階を考慮したり、授業の目標に沿って教師が学習課題を複数設定して生徒に選択させることもある。

●設定する課題は、〝なぜ～〟〝どのように～〟などの「問い」のような形式ではなく、単に〝○○について〟のように事象のみもある。

③**課題追究**（情報の収集、調べる、確かめる、グループでの話し合いなど）

●グループごとに課題追究させることもあり、その際に調査計画を立てさせる。

●小学校では問題解決のための仮説を立てるが、中学校ではあまり行われておらず、課題追究の活動となる。

④**課題解決**（追究した内容を発表するため、まとめる）

●個人ではなく、グループごとに発表させることが多い。

● どのような発表形式をとるかが重要視される。

⑤ **課題発展**（さらに新しい課題を見付けて新たな学習課題として追究していく）

● この活動はあまり行われていない。課題の内容を発表して、評価活動を行うこともある。

（関 裕幸）

課題解決的な学習の具体策

1 課題解決的な学習の意義と留意点

生徒が本来もっている、「自分で発見したい、表現したい」という自発的な欲求を授業に生かすことは、たいへん有意義です。新学習指導要領が目指す「主体的・対話的で深い学び」を実現するうえでも重要で、課題解決的な学習を授業にどうやって取り入れていくかは中学校社会科の授業づくりの着眼点の一つだと言えるでしょう。

実際に行う際には注意が必要です。教材の内容の本質的な理解がなされていくことが必須だからです。それなしに「調べよう、話し合おう」と促すことに終始してしまっては、授業が教師の意図したものとは違う方向に進んでしまいます。そうなると、手間暇がかかる割には知識を定着させにくいことへの不安感が湧いてきます。

そこで、たとえば地理的分野であれば、まず重視すべきことは単元設計です。さまざまな事実を積み上げていきながら事実認識を高め、徐々に内容の理解に届くようにします。そのような意味では、地理的分野における課題解決は、一つ一つの知識を獲得するというよりも、地理的な見方・考え方を身に付けられるようにするというスキームのもとで、単元における内容のまとまりに応じて取り入れることが一つの方法だと思います。

たとえば、どのような場所にコンビナートが多いのかという事実認識を高めつつ、立地に適した特色や意味の理解を深めるために、「新たにコンビナートを建設するとしたら、どの地域のどの場所にするか」を考えていく学習なども、課題解決的な学習の一形態だと考えることができるでしょう。

歴史的分野であれば、異なる立場の考え方が必要です。発表学習をしたり、ディベートなどの討論学習をしたりしつつも、最後のまとめの1時間にしっかり知識を定着させるという方法が考えられます。具体的には、生徒たちの発言やまとめを教師が意味付け、価値付け、概念獲得や理解を学習内容の定着につなげられるようにします。

評価においては、課題解決的な学習を通して学んだことが定期テストに生かされるようにする工夫が必要になります。たとえば、江戸時代の学習であれば、「鎖国政策は有効であった」という論題でディベートした場合、「鎖国に有利な点は何か」「逆に鎖国の課題は何か」など、生徒同士でディベートしたこととテストの設問をセットにするという考え方です。

2 有効な学習方法

ほかにも、公民的分野では次のような方法を取り入れることも可能です。

(1) ジグソー学習

ジグソー学習とは、各グループ（ジグソー班）で調査した内容を、各グループから一人ずつ（グループ数とグループの人数によっては2人の場合もあります）が集まってできた新たなグループ（カウンターパート班）で発表し合うことで、最初の各グループで調査した内容を共有しようとするものです。課題解決的な学習の過程で様々な話し合い活動を実施することを考え合わせると、できるだけ早い段階で経験させることで、他の学習方法を考える際にも役立ちます。

ジグソー学習の有効な点は、グループの生徒全員が調査活動に参加しやすい点です。

他の調査活動では、グループで調査する際に特定の生徒が中心に調査するような状況が見られますが、ジグソー学習ではこのような状況が解消されます。課題（テーマ）に対して、グループ内で分担して調査活動を進めるだけでなく、分担して調査した内容をグループ内で共有して、グループ全体で課題の内容をつかむ過程が必要だからです。

この過程がなければ、カウンターパート班での発表会で、適切に発表することができません。そのため、生徒一人一人に責任と自覚をもたせることができるわけです。

(2) ディベート

ディベートによって、一つの課題や社会的事象に対して、肯定サイド・否定サイドの両方の立場から考察することが可能になります。そのため、多面的・多角的に考察させたり、見方・考え方を広げたり、深めることができます。

また、論点が明確になることから、討議が活発になりやすいという特徴があります。ディベートの準備における最大の教師の支援は、グループでの方針を決める際です。ここでは、まず教師がディベートを取り入れたねらいや、ディベートを通して何を学ばせたいのかを、深く理解しておく必要があります。

さらに、教師はお互いの論点がかみ合うような論題の主張点を、肯定サイドと否定サイドの双方に対して準備しておく必要があります。

ディベートが終わったら、ディベートを取り入れて学習したことのねらいや、学ばせたかった内容を、生徒たちのディベートでの場面を生かしながら、教師が講義形式で整理する授業が必要です。また、最終的に個人の考えをまとめさせることも、多面的・多角的な思考力を深めるうえで有効です。

(3) ワークショップ形式の意見交換（専門家とのグループでの意見交換）

一人の講師から講演を聞くような授業形態ではなく、複数の講師を授業に招いて、生徒との共同作業などを通して授業を進めていく方法です。この学習方法は、調査などの課題解決的な学習と組み合わせることで効果を発揮します。

グループで調査した内容や疑問点等を、様々な立場の専門的な外部講師と直接意見を交換し話し合うことで、「見方・考え方」を広げさせ、深めさせ、実感的に理解させて、多面的・多角的に考察できるようにすることがねらいです。

準備段階として、事前に綿密な打ち合わせを行い、学習目標や指導計画、授業のねらいや意図、生徒たちの活動状況等について、具体的に講師に伝えておくことが大切です。加えて、教師が講師の見方・考え方を理解したうえで授業をコーディネートするために、講師の考えや思いを聞くことも必要です。また、講師の見方・考え方のみが絶対ではないことも頭に入れておくことで、生徒を適切に支援することができます。

さらに、ワークショップは、単元のどこに配置するかによって効果に違いが生じます。導入部分で取り入れる場合は、専門家や実社会での経験者との交流から、主に生徒の関心・意欲を引き出すために大きな効果があります。

展開部分で取り入れる場合は、追究している課題に関して生徒が揺さぶられることで、今までの追究段階では気付かなかった内容や視点を見いだせるといった効果があります。

単元のまとめ部分で取り入れる場合は、それまでの追究結果を深化させることで、生徒が自分たちの追究結果に自信をもてるようになるといった効果があるとともに、新たな関心・意欲の喚起にもつながります。

（三枝 利多）

話し合い活動、対話的活動

1 話し合い活動、対話的な活動の目的は何か

話し合い活動や対話的な活動は、自らの意見や考えを他者と比較することにより、広げたり、自信をもったり、修正したりする機会となるため、社会的事象やテーマを多面的・多角的に考察するための大切なプロセスとなります。

ただし、話し合い活動や対話的な活動には、その学習のねらいや、学習集団の経験度

合いなどによって、それぞれにふさわしい、種類や段階、方法があることを念頭に置いておくことが望ましいでしょう。

たとえば、いきなり難しいテーマについて全体討論を試みるのではなく、隣同士の意見交換からはじめ、少人数での話し合い活動を経て、ディベートなどの学習方法を授業に取り入れるなど、学習集団を成長させるという視点をもつことが重要です。

2 話し合い活動、対話的活動の手順や手法

(1) 授業規律の確立

話し合い活動や対話的活動が活発に行われ、かつ授業のねらいを実現するためには、授業規律が確立されていることが必要です。もし確立されていなければ、話し合いが活発に行われているように見えて、実は内容がつかめていないなど、授業のねらいや目標との間に矛盾が生じます。

中学校では、学習内容も多く高度となり、話し合い活動をまとめ、共有化したり一般化したりする場面がより多く必要となります。そのため、講義形式の授業も重要です。さらに、教科担任制のために授業時数の融通もつきにくくなります。こうしたことから、一斉授業において教師や他者の話をしっかり聞ける授業規律が求められるわけです。

(2) グループの人数や手順

一斉授業において、教師の話をしっかり聞けるようになったら、生徒への問いを増やしていき、講義中心の授業展開であっても、教師側からの一方通行にならない、生徒との意見のキャッチボールができる授業展開を心がける段階となります。

次に、隣同士の2人ペアによる意見交換を行う場面を取り入れていくと、授業に新しいリズムが生まれるでしょう。その後は、4人一組や6人一組など、グループの人数を増やしていきながら、様々な形態のグループ学習を取り入れていきます。ただし、話し合い活動に必要な授業規律が小学校段階ですでに身に付いている場合には、より早く次のステップへ向かうことができます。

一般的に、グループの人数は3人～4人程度の少人数が適切です。小学校においても、同程度だと思います。3人～4人一組の場合は、発言の機会が多くグループの隊形も席が近くなるため、話し合い活動が活発となるからです。

他方、グループの数が1クラスあたり9～12程度となるため、教師がすべての班の活動をコーディネートする（生徒の話し合う内容を把握したり、支援して修正したりする）ことが難しくなるというデメリットもあります。話し合いは活発であっても、授業のねらいや目標に沿った内容の話し合いが行われたかを検証しにくくなるということです。これは、グループ内での生徒の発言内容を分析・評価するうえでも課題となります。

それに対して、6人〜7人一組の場合は、教師が5〜6組程度のグループを支援することが想定されるため、支援しやすくなります。また、より多面的・多角的な意見が出やすいというメリットがあります。その一方で、一人一人の発言の機会が減り、グループの隊形も間延びするため、話し合いに参加しない生徒が出てしまったり、学習内容から逸脱した話し合いになったりしてしまう危険性もあります。

こうしたことから、6人〜7人一組の場合には、全員に役割分担を与えて、グループ内で日常の係活動に責任をもたせ、日常生活を送るうえでも有効な活動となるようにしておき、活動を振り返りながら話し合えるようにするなど、話し合い活動の手順や秩序に慣れさせておくことが求められます。

時間と手間はかかりますが、1年生から学年全体で取り組んでいくことが、社会科だけでなく各学級活動のためにも有効です。なお、グループでの話し合い活動をICレコーダー等で録音しておくことも有効でしょう。

(3) グループの種類

それぞれの課題ごとに生徒それぞれの興味・関心に分けて課題別のグループをつくる

か、日常の生活班等を活用することなどが考えられますが、多くの場合、中学校では日常の生活班等を活用して、課題を選択させるほうが総合的に判断して有効だと考えています。

（三枝 利多）

対話的な学び

「対話的な学び」については、生徒同士の対話だけでなく、教師、自分自身、地域の人々、地図や年表などの資料など、様々な「対話」の形式に配慮する必要があります。そして、討論を含む「対話」を通して、「社会的な見方・考え方」を働かせて、「深い学び」を実現するような授業改善を図ることのできる指導計画を立てることが大切です。

「対話的な学び」の主たる活動となるのが討論です。ここでは、歴史的分野の学習において討論する際の留意点を五つ挙げます。

●討論のテーマは、論点がはっきりしていて、生徒の興味・関心を引き付けるテーマが望ましい。

●多面的・多角的な見方・考え方を育てるためには、生徒をいくつかの立場（意見）に立たせて討論を行うのが有効である。

歴史学習の討論では、自分の立場に固執させるのではなく、様々な考えや意見があることを知り、自分の意見をもつことが大切である。ディベートのように最終的な判定を下すという活動ではなく、最終的には自分の立場を離れて自分の考えや意見をもたせることが望ましい。

●討論を活発に行うためには簡単な討論から積み重ねていくことが大切である。まずグループによる討論を行い、次に学級全体での討論を進めていくことが望ましい。

●討論を行うことは、一つの歴史的事象について、自分の見方・考え方だけでなく、様々な見方・考え方があることを知るうえでも有効な学習である。

しかし、生徒はどうしても自分の意見に固執してしまう。そうならないためには、自分の考えや意見を見直すことが大切である。一つの単元のなかで1回だけでなく何回か意見を考えさせる機会を設定することが重要である。

●歴史学習において討論を行う場合、よく現在の視点と過去の時点での視点を混同した議論になってしまうことがある。歴史上どの時点に立って討論を行っているのか、視点を明確にしておく必要がある。

（関　裕幸）

教科書の構成

1 教科書の内容

資料1　地理的分野の学習内容

第1学年		第2学年	
A 世界と日本の地域構成	24	C 日本の様々な地域	
B 世界の様々な地域		(1) 地域調査の手法	12
(1) 世界の人々の生活と環境	21	(2) 日本の地域的特色と地域区分	28
(2) 世界の諸地域		(3) 日本の諸地域	
①アジア	18	九州地方	16
②ヨーロッパ	16	中国・四国地方	14
③アフリカ	12	近畿地方	16
④北アメリカ	14	中部地方	16
⑤南アメリカ	12	関東地方	16
⑥オセアニア	10	東北地方	16
		北海道地方	18
		(4) 地域の在り方	11

中学校の地理的分野の学習指導は、中学校1年で世界地誌、中学校2年で日本地誌を2年間で学習するのが一般的ですが、**資料1**からも分かるように、学習する内容が非常に多いと言えます。そのため、それぞれの地域学習に多くの時間を割くことはできません。

ここでは、地理教科書の一つを取り上げて分析してみることとします。

資料1を見ると、頁数を一番多く割いているのは、諸地域学習です。「世界の諸地域」で88頁、「日本の諸地域」では、115頁を割いています。

「世界の諸地域」の「アジア州」を例にみると（**資料**

資料2　世界の諸地域「アジア州」

	学習項目	学習課題	学習内容
	単元を貫く問い：アジア州における急速な経済発展は地域にどのような影響を与えているのだろうか		
大観	1．アジア州の自然環境	・ユーラシア大陸の広い範囲を占めるアジア州では、地形や気候はどのような特色が見られるだろうか。	・ユーラシア大陸に広がるアジア ・季節風が育むアジアの気候
追究	2．アジア州の農業・文化と経済発展	・世界一の人口集中地域であるアジア州では、どのような農業が行われ、どのような文化が生まれてきたのだろうか	・気候と農業・食の結び付き ・交流によって広まった宗教 ・人口の集中と経済発展
	3．経済発展を急速に遂げた中国	・巨大な人口を抱える中国では、急速な経済発展によって、社会にどのような課題が生じてきているのだろうか	・巨大な人口とその消費力 ・工業化が原動力となった経済発展・都市の発展と残された課題
	4．最も近い隣国、韓国	・最も近い隣国は、生活・文化や社会と産業の変化において、日本とどのような関わりがあるのだろうか	・日本と関わりが深い韓国の文化 ・輸出に力を入れて発展した工業 ・ソウルへの一極集中とその課題
	5．経済発展を目指す東南アジア	・東南アジアの国々は、外国との関わりの中で、どのように工業化を進め、経済を発展させてきたのだろうか	・共に暮らす多民族国家 ・稲作の伝統と輸出用の作物生産 ・工業化の波とＡＳＥＡＮ ・都市化とその課題
	6．産業発展と人口増加が急速に進む南アジア	・人口増加の続く南アジアの国々は、どのような発展を続けてきたのだろうか	・気候の違いを生かした農業 ・南アジアで成長する産業 ・人口を大国が抱える貧困層の問題
	7．資源が豊富な中央アジア・西アジア	・西アジアや中央アジアの国々の経済成長は、どのような産業が支えているのだろうか	・人々の生活を豊かにした原油 ・石油収入を新しい産業の発展に生かす西アジア
まとめ	州の学習を振り返ろう		・学んだことを確かめよう ・「地理的な見方・考え方」を働かせて説明しよう

2）、最初の見開き2頁には、中国（上海の景観）、インド（ガンジス川で沐浴する人々）、韓国（景福宮での衛兵の儀式）、イラン（イスラム教のモスクで礼拝する人々）、シンガポール（マーライオン公園の夜景）の写真とそれらの位置を示したアジアの地図が掲載されています。

3頁目以降は、見開き2頁でそれぞれ1時間の授業が行えるように想定されています。各頁の見開き1頁目の一番上には、「単元を貫く問い」が設定されています。アジア州の地形が分かる主題図が上半分の頁を占め、アジアの人口と面積を示す帯グラフとアジアを示す地図が本文の左側に掲載されています。

2頁目には、アジア州の主な都市の雨温図と気候が分かる主題図と景観写真が本文の右側と上に掲載されています。また、それぞれの州の見開き1頁目の本文の上に、それぞれの時間の「学習課題」が設定されています。

本文は、文字がびっしり書かれており、2頁目の右下に、「確認しよう」「説明しよう」という、教科書の内容に関する問いが設けられています。単元の最後には、見開き2頁で、それぞれの単元のまとめが位置付けられています。

「日本の諸地域」では、「世界の諸地域」で最初に、景観写真が掲載されている見開き2頁の前に、1頁分、その地方の特産物や世界遺産などが描かれた地図が位置付けられています。

また、単元の最後の見開き2頁分のまとめの後に、SDGs に関連したその地方のトピック的な内容の頁が設けられており、各地域ごとに、「地域の在り方」に対応した頁が位置付けられています。

教科書の版が大きくなり、資料や景観写真、主題図などを豊富に掲載することができるようになり、それらの主題図や景観写真、グラフ、及び本文などの文章資料を使って、「確認しよう」「説明しよう」といった問題を解くことができるようになっています。

2　教科書構成の課題

平成29年版学習指導要領では、「世界の諸地域」「日本の諸地域」も一貫して持続可能な開発のための教育（Education for Sustainable Development 以下ＥＳＤと略す）の視点が位置付けられるようになりました。また、授業改善の視点として、「主体的・対話的で深い学び」が求められるようになっています。これらのことから、以下のことが求められるようになったと言えます。

- ＥＳＤの視点を位置付ける。
- 課題解決的な学習を通して、主体的で対話的な学習を行う。
- 「見方・考え方」を働かせて深い学びを実現する。

ＥＳＤの視点を入れた学習を行うには、空間的な不公正を是正することや、現在だけでなく未来にわたって地域を持続的によりよくするにはどうしたらよいかを考えることが必要です。そのためには、「地理的な見方・考え方」を働かせて、個別的知識を説明的知識に、さらに概念的知識に高めるなどしたうえで、価値判断したり意思決定したりできるような学習指導を行うことが必要です。

こうしたことから、これまで以上に、課題解決的で、探究的な学びを意識した単元設計が必要となります。

（池下　誠）

教科書の活用

1　主たる教材

教科書は主たる教材と位置付けられますが、それだけですべてを教えられるわけではありません。教科書を教えるのではなく、教科書を活用して教えるという認識が必要です。そのためには、教科書の背景にある学習指導要領の理解が不可欠です。内容教科と言われる社会科では特に重要です。

そこで、授業づくりや教材づくりに当たっては、学習指導要領に記されていることが教科書にどのように記述されているのかを吟味する、学習指導要領の内容を自分なりに解釈して、単元ごとに教えるべき概念や内容をつかむことが求められます。

そうすることによって、話し合い活動や、課題解決的で探究的な学習を通じて主体的・対話的で深い学びを実現させ、生徒が自分の言葉で社会的事象の特色や意味を理解できているかを、教師が判断できるようになります。

2 導入での活用

教科書を活用する場面として最初に考えられることは、授業の導入です。その際に図版などの資料を見せることによって、関心をもたせたり、考えさせたり、疑問をもたせたりするなどして、授業の展開につなげていきます。

近年の教科書は、見開きごとに図版などを活用した「問い」を設けていることも多いので、こうした導入の場面での活用は、使いやすいと考えます。ただし、逆にもっとほかの方法で導入の資料を提示しようと考えている場合には、教科書の取扱いには注意が必要です。

また、授業の導入場面で、生徒に授業の目標やめあてを示すことは大切なことです。その際、グループでの探究活動など、主体的・対話的な学びを経て、深い学びを実現させようと計画している際にも、社会科は内容教科であるため、「目標やめあてを示すことがかえって最初から教えてしまう」ことにならないようにする工夫も必要です。

加えて、あえて導入段階では教科書を使わないという考え方もあります。

3　内容把握に活用

学習する際の内容を把握するために本文を読ませたり、教科書を活用しながらワークシートに取り組ませることも、多く見られる活動だと思います。その際には、本文と図版などの資料や側注をバランスよく使ってワークシートの作業が進められるようにすることが大切です。それによって、生徒が教科書の様々な箇所を見る習慣付けにもなり、家庭学習などの自主的な学習にも役立つからです。

同時に、図版などが多く掲載されている資料集などをもたせている場合も多いはずです。こうした資料集などの副教材を使って、学習内容の理解を補うことも有効です。

また、地理的分野であれば、地図帳の活用も大切です。地図帳を使って、教科書以外の主題図を活用したり、教科書で大観させた地形図を詳しく見せることなどを通して、教科書の活用のみに終始するのではなく、教科書と地図帳の両方をバランスよく活用したいものです。

4　一般化・普遍化する際に活用

次は、話し合い活動や、課題解決的で探究的な学習を行い、最終的に深い学びとする際に教科書を活用する場合です。

ここでは、生徒が自分の言葉を使って、概念や知識を獲得しているのかという視点が必要です。単なる思い付きではなく生徒が根拠をもって理解しており、それが深い学びとなっているかという視点です。

具体的な例として、次のような実践事例を挙げます。公民的分野において、家計のシミュレーションゲームを中心に単元をパッケージした、主体的・対話的で深い学びを目指す実践です。

この場合には、ねらいや目標の一つが、「希少性」と「選択」を理解させることです。家計のシミュレーションゲームを行うなどの疑似体験等を通して、「すべてを手に入れることはできないから、何かを節約する必要がある」「我慢できるものは我慢すべきだった」「何かに多く支出したら、何かを諦めなければならない」といった記述がワークシートで見られるようになります。これは、まさに「希少性」という考え方を生徒が自分の言葉で理解していることにほかなりません。

生徒が記述した言葉を使って、教科書に書かれている「希少性」という考え方を整理する、一般化したり普遍化したりするプロセスを通す形で教科書を活用すると、生徒は主体的に学習したことに自信をもち、さらには教師も自分の授業展開に確信がもてるようになります。

5 教科書を活用する際の留意点

主体的・対話的で深い学びの実現を目指す際に、単元を組み替えたり、単元を統合したりすることも考えられます。

特に公民的分野では、概念を扱うことが多く、実際の社会においても経済と政治は連動しているものですが、教科書として表現する場合は、経済単元と政治単元に分けて編集せざるを得ないため、単元を組み替えたり、融合させることが有効となります。まさに、カリキュラム・マネジメントも必要であるということです。

（三枝 利多）

資料活用の仕方

1 資料活用のポイントは何か―比較思考を取り入れる

たとえば地理の学習では、地域の特色を明らかにすることを目的とするため、地表における地域差を捉える必要があります。朝倉（１９７５年）は、「地域差は比較によって明らかにされるものである」と述べているように、地域の特色を捉えることを目的とする地理の学習では、他地域との比較は欠くことはできません。比較については、地域間だけでなく、同一地域の空間的・時間的な比較など、様々な観点からの比較があります。

比較は、思考を深めるのに都合のよい概念です。複数の要素を比較することを通して、具体的にずれや（違い）に気付き、比較したものの相違点や共通点を認識することができます。さらに、異なる理由や共通している理由を、因果関係や相互依存関係、競合関係などから考え、それらの関係を考察することによって思考や認識を深めていくのです。

比較は具体性が強いため、比較を学習に取り入れることによって、生徒は違いや類似点を容易に見いだし、その理由や原因を追究することを通して思考力を高めることができます。

また、これらの活動から一般性を発見したりすることによって、地理的な見方や考え方を深めることになるのです。そのため、生徒の学習活動のなかに意図的に比較を組み込むことによって、思考力を高める学習指導を行いたいものです。

朝倉（1975年）は、比較について「身近な地域の学習であれば現地の景観そのものが比較の対象になるが、直接地域を調査できない場合は、景観写真、統計資料、文献資料などの間接的な資料が媒体として必要である」と述べています。

現地調査を伴わない地理の学習では、比較の媒体としての間接的な資料が必要になります。地図は、地域的特色を明らかにする間接資料として有効に利用することができる

資料3

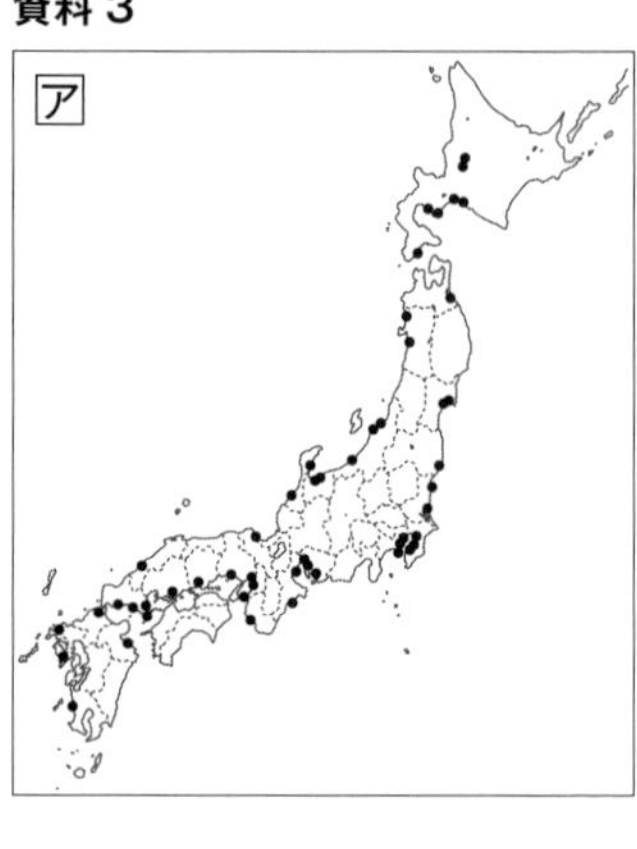

資料4

資料です。そこで、地図を比較の媒体として取り入れることにより、生徒の思考力を高める学習を効果的に行うことが可能になります。

たとえば、ア、イの地図（資料3、4）は、それぞれ日本の火力と原子力の各発電所の分布を示しています。ア、イの主題図を比較すると、それぞれの発電所の立地条件を考えやすくなります。

アの火力発電所は、原料の原油や石炭を海外からの輸入に頼っており、海沿いに発電所があると都合がよいと言えます。一方、原子力発電所も、原子炉を冷却するのに大量の水を必要とすることから、海沿いに立地しています。

しかし、火力発電所が工業地帯に立地しているのに対して、原子力発電所は一度事故が起きてしまうと、放射性物質の被害が大きくなる可能性があるため、大都市から離れた場所に立地しているのです。

2　地図を主として、教科書を従とする地理的分野の例

これまで我が国の地理の学習は、教科書が主で地図を従とする指導が行われることが少なくありませんでした。教科書には、主に地域的特色が記述されているため、教科書を中心とした地域的特色を捉える学習では、教科書に記述された結果だけをまとめたり、覚えたりするような学習になりかねません。

牧口常三郎が『地理教授の方法及び内容の研究』（第三文明社、1981年）において、「地図と教科書との本末、主従を顛倒したならば、初めて従来の地理教科書は面目を一新することができる」と記述しているように、地図を主にすることで、地理学者がたどった地域を捉える学習を追体験させることが可能となります。

地理学者は、フィールドワークを行ったり、聞き取り調査を行ったりした結果を地図化し、それを考察することを通して地域的特色を捉えています。中学校では、学校周辺の「身近な地域」や自分が住んでいる地方ならば、フィールドワークを行い、生徒自らその地域の特色を捉えることが可能です。しかし、他の地方や日本全体、外国のことを学習する際に、実際にフィールドワークなどの直接的な調査を行うことは難しいと言えます。

したがって、これらの地域を学習する場合、学校では教科書や百科事典、旅行ガイドブッ

ク、インターネットなどに記載されている地理学者などが捉えた地域的特色を写したり、まとめたりすることが学習の中心となります。
しかし、そこで養っているのは、単なる文章をまとめたり、整理したりする能力であり、地理的な見方・考え方や地域的特色を捉える能力ではありません。

地理学者が地域的特色を捉える際に活用したのと同じような地図を、生徒が活用することは可能です。そういった地図を使って考察するような指導を行えば、地理学者がたどった地域を捉える学習を追体験させることになり、生徒の地域を捉える能力や地理的な見方や考え方を育成することになります。

すなわち、地図を中心に地域を捉える指導を行い、教科書は地図を通して捉えた地域的特色が正しいかを確認するために使うようにすべきです。


（池下　誠）

学習評価

1　学習評価の難しさ

なかでも、「態度」の評価については、「関心・意欲・態度」のころから難しさが指摘されていました。「目標に準拠する」評価ですから、きちんと宿題をしてくる、授業中によく発言するといったことは目標にはなり得ないので、どうすればいいのかがイメージしにくいという課題です。それが、今回「主体的に学習に取り組む態度」と観点が改められたことで、余計に難しさが増したように思います。

もともと社会科は、技能と思考と知識の獲得が流動的となります。そのため、観点別とはいえ、他の観点（「知識・技能」「思考・判断・表現」）との連動性が強まったと言えます。

そこで、社会的事象の特色や意味の理解を問う設問をテストに盛り込んだり、授業における総合的な評価を行ったりしていくことが今後求められると思います。そうでないと、用語や語句の定着を図る評価に終始してしまうでしょう。

また、このたびの３観点を俯瞰するなら、ワークシートの重要性が増したと考えられます。「思考・判断・表現」や「主体的に学習に取り組む態度」を見取る形成的評価に寄与するからです。

そうなるためには、どのようなワークシートにするかが重要です。私は必ず「まとめ」を書く欄を設けていて、生徒の理解がどのように深まっていったかを見取るようにしています。

2 評価規準の作成

中学校における評価規準の作成は、学習指導要領に示す「内容のまとまり」ごとに行うことになります。

歴史的分野であれば、次のとおりです。

- A歴史との対話　(1)私たちと歴史　(2)身近な地域の歴史
- B近世までの日本と世界　(1)古代までの日本　(2)中世の日本　(3)近世の日本
- C近現代の日本と世界　(1)近代の日本と世界　(2)現代の日本と世界

加えて、次の三つのケースが考えられます。

- 「内容のまとまり」を単元とする場合
- 「内容のまとまり」の一部を単元とする場合
- 「内容のまとまり」を超えて単元とする場合

実際に評価規準を作成する際は、「近世までの日本と世界」（中項目：約62時間）、「近世の日本」（小項目：27時間）というまとまりではなく、より小さな「世界の動きと統一事業（事項：８時間）という単元で作成することが現実的であると考えます。

３ ペーパーテストによる評価

中学校において行われている評価方法は、ペーパーテスト、ワークシートなどに書かれた内容の分析、生徒が作成した地図や年表などの作品の分析、授業場面における学習活動の観察など様々な方法が考えられます。このなかで、最も活用されているのがペーパーテストではないでしょうか。

中学校においては、「評価＝ペーパーテスト」というイメージが根強くあります。これは、中学校の授業が知識中心の内容であり、その評価方法としてペーパーテストが最適であると考えられているからです。

また、「知識」の観点を測る評価方法としてペーパーテストが適しているのはもちろんですが、他の観点、特に「思考・判断・表現」の観点においてもペーパーテストを使った評価を行うことはできると考えます。

たとえば、歴史的分野における「思考・判断・表現」の観点をペーパーテストで測る際の作問上の留意点は、次の５点です。

①複数の事象や資料から共通点を問う。
②解答とその根拠をあわせて問う。
③複数の事象の傾向性を問う。
④ある事象を他の立場や視点から考えさせる。
⑤仮想の場面を設定し、既得知識を使って考えさせる。

※①の例題「あるテーマで作成した年表にタイトル（題名）をつける」
＊年表の項目（○関東で平将門の乱がおこる　○東北地方の反乱を源氏が鎮める　○保元の乱・平治の乱がおこる　○平清盛が太政大臣となる　○源頼朝が守護・地頭を設置する）　解答：「武士の成長」

4　評定の考え方と具体策

中学校では、評定は、「十分満足できるもののうち、特に程度が高い」ものを「5」、「十分満足できる」ものを「4」、「おおむね満足できる」ものを「3」、「努力を要する」ものを「2」、「一層努力を要する」ものを「1」、という5段階で表します。

観点別学習状況評価の評定への総括については、各観点の評価結果をA、B、Cの組合せ、または、A、B、Cを数値で表したものに基づいて総括します。

(1) 評価の組合せによる総括の例

「AAA」を5、「AAB」を5または4、「ABB、AAC」を4または3、「BBB」を3、「BBC、ACC」を3または2、「BCC」を2、「CCC」を1とする例などが考えられます。

「AAB」の評価でも、5と4の場合があり、評定のA、B、Cには幅があるので、A^{+} A^{-} B^{+} B^{-}などと評価して補助簿などに記録し、指導に生かしながら評定する際の資料とすることも考えられます。

あまり数字や記号にとらわれずに、常に変化し、成長している生徒の姿を捉えるようにすることが大切であると考えます。

(2) A、B、Cを数値で表した総括の例

次のア～エの手順で行う例などが考えられます。

ア　まず単元別の評価結果A、B、Cを、たとえば、A＝3、B＝2、C＝1という数値に換算する。

イ　学習内容に応じて単元ごとに三つの観点の重み付けが必要な場合は、評価結果に掛ける

係数で重みを付ける。たとえば、三観点の係数を1として、「知識・技能…0・3」「思考・判断・表現…0・4」「主体的に学習する態度…0・3」に分ける。

ウ　単元の掛けた時間数を係数とする。たとえば、8時間の単元は係数を8とする。

エ　満点と最低点の間をあらかじめ5段階に分けておく。ア×イ×ウを計算し、点数に応じて5〜1の評定を出す。

この方法は実際的である反面、観点別学習状況の評価結果を足したり平均したりすることは、学力の捉え方としては検討を要すると言えます。

そして、評価に対する妥当性や信頼性を高めるために、各学校では観点別学習状況の評価の観点ごとの総括、評定への総括の考え方や方法について共通理解を図り、生徒及び保護者に十分説明し理解を得ることが大切です。

（関　裕幸）

「見方・考え方」の捉え方

1　社会的事象の地理的な見方・考え方

地理的分野であれば、地理的認識を深めるとともに、地理的概念を獲得したり、持続可能な社会を構想したりすることができるように働かせるのが「社会的事象の地理的な見方・考え方」です。

このように、地理的分野だけを取り出しても、小学校との相違が浮き彫りになります。小学校は基本的に全科なので、（専門とする教科を別にすれば）教科ごとに「○○の見方・考え方を働かせる」ことはあまり考えないと思います。また、社会科であれば教科書の見開きそのものが問題解決的な構成となっているので、あまり意識する必要がないとも言えます。

それに対して、中学校では相対的に「見方・考え方」が強く意識されていると考えることができます。たとえば、公民的分野であれば、そもそも「現代社会を捉える見方・考え方」があり、概念的枠組みを形成してきました。義務教育段階を見通せば、公民が社会科のゴールである以上、地理的・歴史的な見方・考え方をも活用した概念的枠組みで、社会的事象を読み解き、解釈したり判断したりしていこうとしているわけです。

加えて、地歴の関係で言うと、地理の場合は尺度、物差し的な見方・考え方ですから、時代の移り変わりなどに即して変わっていくものです。たとえば、「工場は輸送に便利な海沿いにつくられる」という法則概念を見方・考え方としてしまうと、ドローンや３Ｄプリンターが生まれた瞬間に成立しなくなってしまいます。そのため、現状の知識概念にとどめ、スキル的・論理的な要素に整理されているわけです。

それに対して歴史はあまり概念的な要素を入れずに、類似と差異を見て相互関連を見ればいい、因果関係を見ればいいという整理です。これは、何も新しいことではなく、何十年も前から歴史的分野については大事にされてきた不易だと言って差し支えのない整理の仕方だと言えるでしょう。

2　見方・考え方を働かせる学びのイメージ

さて、ここでは地理的分野における「見方・考え方を働かせる学び」について焦点化します。

平成29年版学習指導要領では、世界の諸地域は、主題を設けて課題を追究したり解決したりする活動を通して、地域的特色を大観して理解することや、地域で見られる地球的課題の要因や影響を地域的特色と関連付けて多面的・多角的に考察して表現することが求められています。

また、日本の諸地域は、①自然環境、②人口や都市・村落、③産業、④交通や通信、⑤その他の事象を中核とした考察の仕方で、他の事象やそこで生ずる課題と有機的に関連付けて多面的・多角的に考察して表現するなど、動態地誌的な学習が求められています。

地誌は、地域を学習対象とし、地域の地理的事象の分布や景観を考察することによって、地域的特色を明らかにします。その地域を考察する際の視点が、社会的事象の地理的な見方・考え方です。

たとえば、ヨーロッパの学習を例に考えてみましょう。

ヨーロッパは、ＥＵ統合により、国境の枠を取り払い、人やものが自由に行き交い、経済活動が活発化するような地域統合をつくり上げています。そこで、ＥＵ統合がなぜ行われたのかを主題とし、社会的事象の地理的な見方・考え方を働かせることを通して、ヨーロッパの地域的特色や課題を考えさせるような学習指導を行うこととします。

まずはじめに、ヨーロッパの景観写真を示します（資料5）。

ヨーロッパでは、たいていどの都市へ行っても、教会が町の中心にある最も高い建物であり、しかも屋根の色が統一されています。つまりヨーロッパは、基本的には、どこ

資料5

資料6

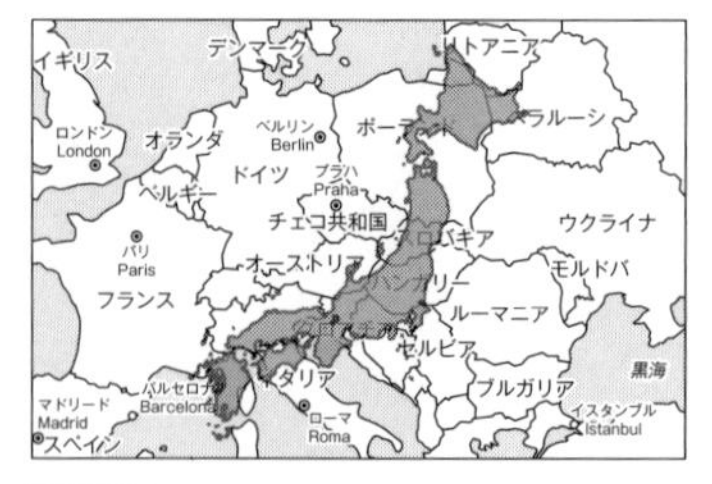

資料7

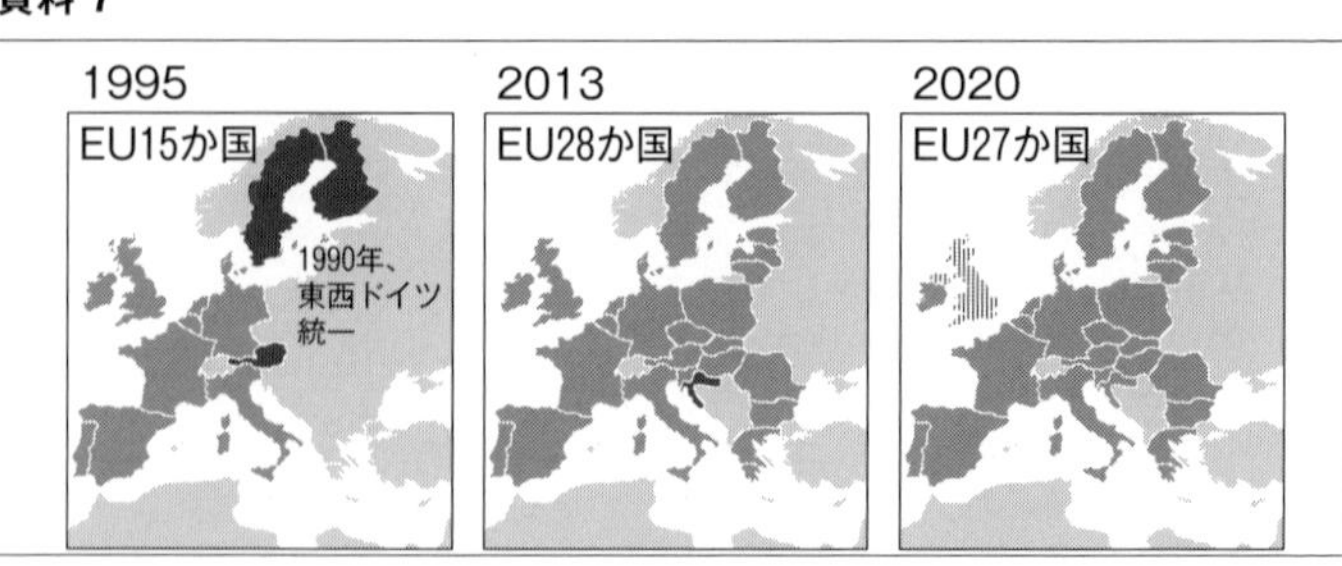

へ行ってもキリスト教という共通した文化をもっています。

　次に、日本地図をヨーロッパに位置付けてみます（資料6）。

　日本列島のなかに何か国が含まれるかを考えてみると、ヨーロッパは、小さな国が集まって形成されていることや、島国の日本とは異なり、多くの国が陸続きになっているので、他の国に容易に行くことができることが分かります。そのため、移動を自由にしたり、資源を奪い合うのではなく、互いに足りない人的・物的資源などを補い合ったり、市場を拡大させたりしたほうが、メリットが大きいのです。

　さらに、EU統合に関する年代の異な

資料８

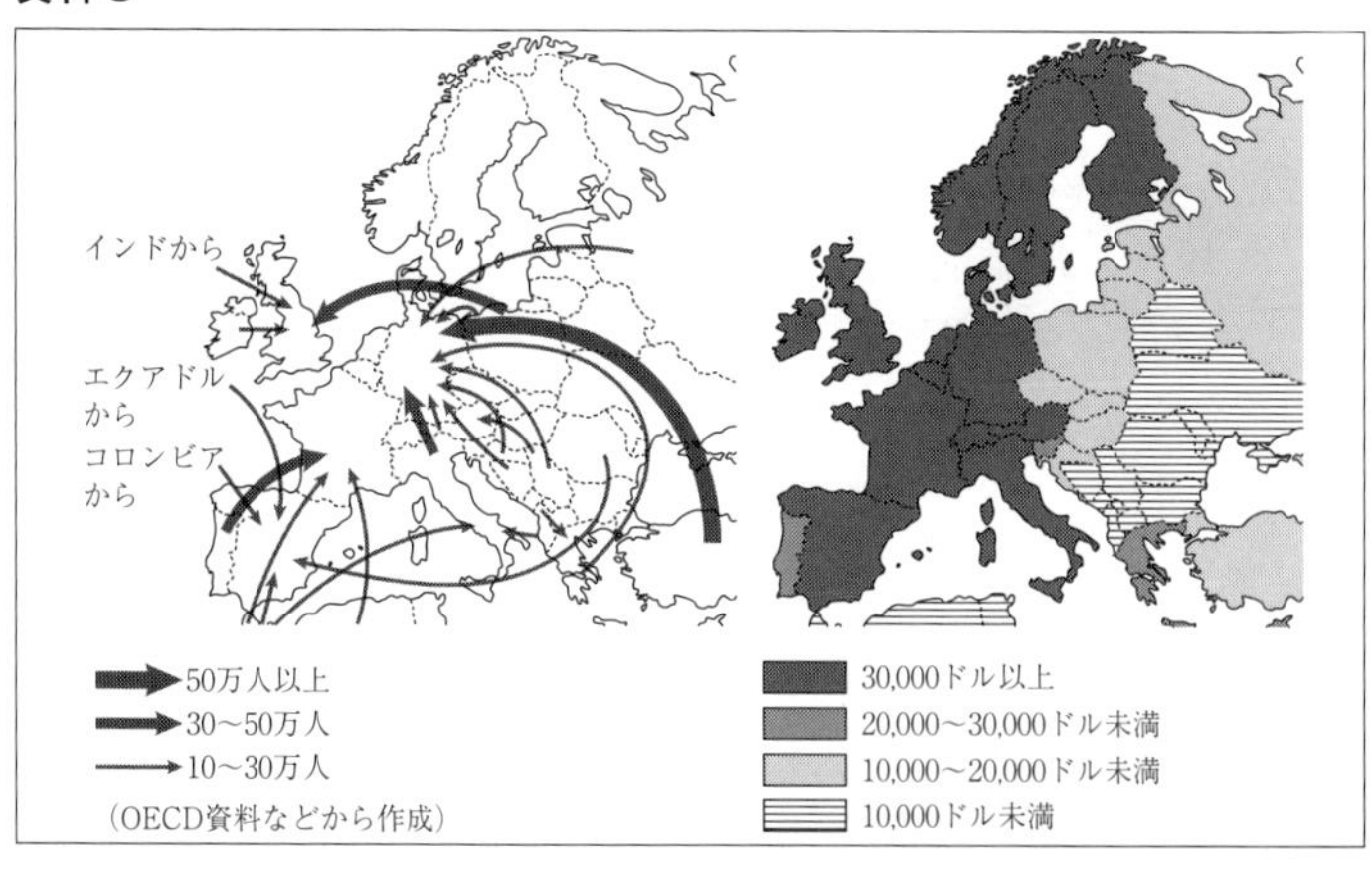

（OECD資料などから作成）

る主題図を比較してみます。すると、ＥＵ加盟国が増えていることが分かります（**資料7**）。

そこで、なぜ、加盟国が増えているのかを、**資料8**を参考に調べさせます。すると、国境を自由に通過できたり、共通の通貨を使っているので両替をせずに買い物ができたり、仕事の資格が共通で、自由に他国で働くことができたりするなど、加盟するメリットが大きいことが分かります。

その一方で、２０２０年に離脱した国があります。それはどこの国で、どのようなことが理由なのかを、次頁の**資料9**なども参考にしながら考えさせます。

すると、所得の低い地域から外国人労働者が所得の高い国に移民していることが分かります。すなわち、ＥＵ域内における経済格差や、外国人の移民労働者が増えることにより、雇用が奪われた

資料９

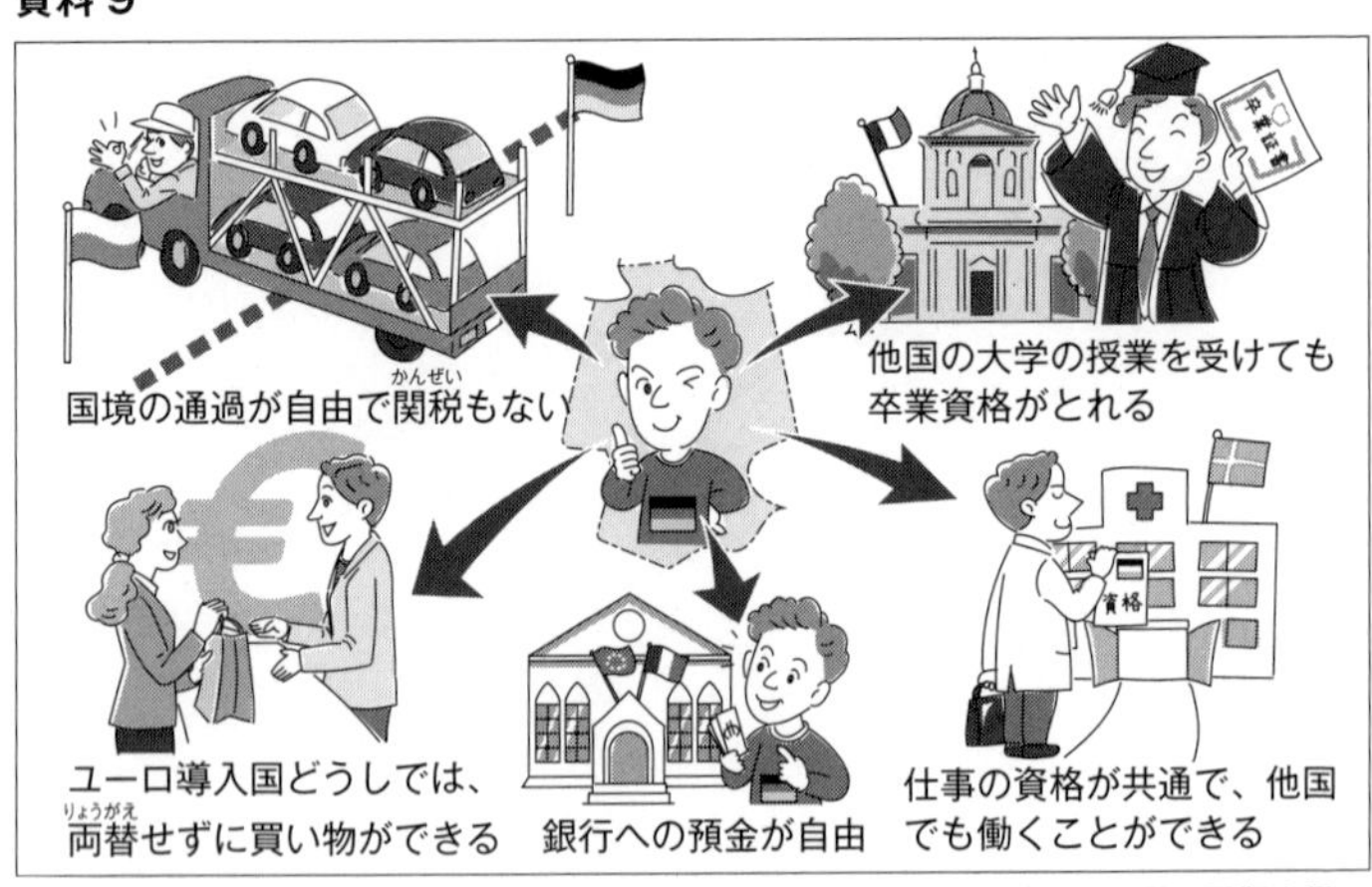

出典：帝国書院『社会科　中学生の地理　世界の姿と日本』2018年、57頁の図版を元に作成

り、治安が悪化したり、文化的な摩擦が生じたりするようなことが生じるのです。

しかし、国境を越えた地域統合が拡大すれば、国同士が協力し合ったり、行き来が活発化したりするなど、メリットも大きいと言えます。そのため、ヨーロッパにおける地域統合の動きが、東南アジア諸国連合や北米自由貿易協定など、他の地域にも大きな影響を与えています。それに対して、日本の近隣諸国に目を転じると、日本は、必ずしも近隣諸国との関係がうまくいってるわけではありません。

このように、スケールを広げて物事をマクロ的に見たり、ミクロ的に考えたりすることが深い学びにつながっていきます。

（池下　誠）

授業研究の進め方

研究授業を経験することは、授業力を伸ばすよい機会です。ここで大切なことは、研究授業が日常の授業の延長であることです。そのときだけの「見せる授業」であったり、「よそ行きの授業」にならない努力が必要です。

もちろん、多くの方の意見を聞けたり、多くの方に影響を与える機会となるため、日常の授業の延長という意味が、浅い教材準備の授業を指しているのではありません。授業の設計段階から十分な準備を行うべきです。

そこで、ここでは、研究授業に限らず、授業をつくる際の着眼点などについて少し詳しく説明します。

〈授業研究の視点〉

(1)　生徒のためになっているのか

①何をもって生徒のためになっていると考えるのか

教育は未来の人材を育てるのが使命なので、生徒が将来の社会で、自己実現を果たしながら、社会に貢献できる人材となるための資質・能力を身に付けることが、生徒のためになる授業であると考えます。

また、社会科は教科の目標が教育の使命に直接結び付くと考えます。つまり、広い視野に立ち、グローバル化する国際社会に主体的に生きる平和で民主的な国家社会の形成者に必要な公民としての資質・能力の基礎を育成することは、まさに教育の使命につながるからです。

②何が（どのような資質・能力が）生徒のためになっていると考えるのか

何が（どのような資質・能力が）生徒のためになっているのかと考えるとき、やはり、学習指導要領が資質・能力の目当てとなってきます。そこで、教師が学習指導要領を解釈して、何を学ばせるかについて見通しをもつことが必要です。

③育てたい生徒像は何か

育てたい生徒像について考えておくことも、授業づくりの大切な着眼点となります。このためには、授業だけでない、自分自身の教師観を築く必要があります。

④教科書はどう使うのか

教科書をどう使うのかについて考えておくことも、授業づくりの大切な着眼点となります。そのためには、学習指導要領を自分なりに解釈し、学習指導要領のねらいや学習内容は教科書にはどう表現されているかを吟味して使用することが大切です。教科書だけで教えるのではなく、教科書を「主たる教材」として活用する授業を展開することが求められます。

(2) 生徒の興味・関心・意欲を高めることができるのか

その授業が生徒の興味・関心・意欲を高めることができるのかという視点も、授業づくりの大切な着眼点となります。日頃から、生徒にとって何が身近なのかということを考えておくことが必要です。

(3) 生徒が必然性を感じるのか

その授業に生徒が必然性を感じるのかという視点も、授業づくりの大切な着眼点となります。そのためには、その授業の目標やねらいに対して授業内容が適切であることや、授業で扱う社会的事象が、生徒にとって必然性があるものと感じられるような工夫が必要です。

(4) 生徒が自分の言葉で理解できているのか（納得できているのか・腑に落ちているのか）

その授業の内容を、生徒が自分の言葉で理解できているのか、または納得できているのか、腑に落ちているのかという視点も、授業づくりの大切な着眼点となります。

このような授業を設計するためには、前述した(1)(2)のように、教師が学習指導要領を解釈して、何を学ばせるか、難しい概念について生徒が何が分かっていればよいのか、見通しをもつことが必要です。

(5) 教師が学習に対するねらいと観点をもっているか

教師が学習に対するねらいと観点を、きちんともっているかという視点も大切にしなければなりません。観点をしっかりもって授業づくりをしなければ、深い学びにたどり着くことが叶いません。

(6) 生徒が自分の所属感や有用感をもてるか

授業のなかで生徒の発言や考えを役立てることによって、生徒は自分に自信をもち、授業を通して自分の居場所を見付け、自己肯定感や自己有用感をもちます。

⑺　教師の指導は首尾一貫しているか

中学校は教科担任制ですが、社会科の授業だけでなく、教育に対する姿勢が担任や部活動の顧問など、他の場面においても首尾一貫していることが説得力を増します。

（三枝　利多）

研究協議会の進め方や議論点

1　研究協議会の目的――研究発表会なのか、公開授業なのか

研究協議会は、その協議会が、いわゆる研究発表会なのか、いわゆる公開授業なのかによって進め方が変わります。これは、協議会を開く側と協議会に参加する側の両者にかかわることです。

研究発表会であれば、授業の内容に関する協議の前に、研究した内容そのものに対する協議会が必要です。そして、それを受けてその日の授業内容に対する協議会を進める必要があります。

また、研究発表会の場合は、協議会の前に主題設定の理由など基調提案が必要となります。それを受けての研究協議会となります。

2 研究協議会の進め方

(1) 研究発表会の場合

①十分な時間設定が可能な場合

研究発表会の場合は、まず研究の中身についての議論が必要です。十分な時間設定がある場合は、研究の内容について、基調提案や授業実践を通じた研究で分かった成果と課題を発表し、それについて質疑応答を進めることになります。この過程を経て研究（公開）授業を参観することができれば、研究（公開）授業の意図やねらいも分かりやすくなり、その後の研究協議会の議論を活発にすることができます。

過去には、研究発表会にもかかわらず、最初に研究（公開）授業を参観して、研究協議会に入るようなケースも見受けられましたが、こうしたケースはほぼ見られなくなったことは幸いです。

ただし、2日間にわたる研究発表会の初日が午後からで、初日に基調提案と記念講演が行われる場合、基調提案に対する質疑応答は、その場では行われないケースがほとんどです。

そのため、翌日の研究協議会において、基調提案の内容も含めた研究の中身、すなわち、授業実践を通じた研究で分かった成果と課題について、きちんと説明する必要があります。２日目だけ参加される方への配慮でもありますし、前日、基調提案については質疑応答ができていないことへの配慮です。

②時間設定が短い場合

次に、当日、最初に研究（公開）授業を参観してから、研究協議会を開く場合は、研究協議会の司会進行役が大切な役割を果たします。

つまり、最初に研究（公開）授業から入る場合には、研究協議会での議論点が、当日の授業そのものに対する内容に集中してしまうケースがあるからです。

研究発表会であれば、何年間か長い時間をかけてまとめてきた内容について、参観者と議論することこそが、研究を深めることにつながります。十分な研究内容があるにもかかわらず、研究の中身についてあまり議論しないまま研究協議会が進まないように、司会者は、それを踏まえて発言を整理していく必要があります。

また、研究（公開）授業を、当日の１時間ではなく、単元全体で参観できる参加者は、研究に直接携わったごく一部に限られることになります。

もともと、研究（公開）授業を１時間参観して、単元全体のねらいや、単元のなかでのその授業の展開した意図などを読み取ることは容易なことではありません。こうした場合、授業者を含めた研究発表者と参観者（出席者）の間の相互理解を、なるべく深める必要があります。忌憚のない議論を進めるうえでも、重要な点となります。

相互理解を深めることによって、研究発表会を通して、お互いが成果や課題を共有し、刺激や新たな疑問点などをもつことが、日常の授業実践に生きるからです。

相互理解が深められない場合、発表者(授業者)に徒労感が残ってしまったり、参観者に虚無感が残ってしまうことも考えられ、研究発表会という貴重な機会と時間によって得られる経験が、一部失われてしまうからです。

(2) 公開授業の場合

①比較的時間設定が長い場合

当日の公開(研究)授業のみの場合は、5校時に公開(研究)授業が設置され、授業後の研究協議会に比較的時間がある場合には、授業者の自評にある程度の時間をかけて、当日の授業に至るまでの様子やその後の授業、単元全体のねらいや授業設計、当日の授業展開の意図などについて、詳しく発表してから研究協議に入ることができます。これは、授業者と参観者の相互理解を深めるためです。

②時間設定が短い場合

当日の公開(研究)授業のみの場合に、6校時に公開(研究)授業が設置され、授業後の研究協議会の時間設定が短い場合には、授業者の自評にあまり時間がかけられない場合が多くなります。

こうした場合には、講師や指導・助言者を招いている場合には、指導・助言の時間を利用するなどして、授業者と参観者の相互理解について、フォローしていただくことも考えられます。

3　校内研究における社会科の位置付け

中学校においても、各教科による特色や目標の違いは明らかです。こうしたなかで校内研究における社会科の位置付けを考えた場合、研究する際の各教科との共通点と相違点を考えておく必要があります。ここでは、校内研究を進めるうえで、社会科と他の教科との違いを整理していきます。

(1)　教科による専門性の違い

校内研究を行う場合、中学校では教科担任制をとっているため、各教科が共同の研究として取り組むには、どのような研究を実施するか、研究主題をどうするかといった問題を、吟味しなければなりません。そのうえで、教科の専門性を生かすことは、教科担任制をとっている中学校での基本であり、最も重視すべき視点となります。

(2) 教科による違いの具体例

①教科目標の違い

〈社会科〉

社会的な見方・考え方を働かせ、課題を追究したり解決したりする活動を通して、広い視野に立ち、グローバル化する国際社会に主体的に生きる平和で民主的な国家及び社会の形成者に必要な公民としての資質・能力の基礎を次のとおり育成することを目指す。

〈理科〉

自然の事物・現象にかかわり、理科の見方・考え方を働かせ、見通しをもって観察、実験を行うことなどを通して、自然の事物・現象を科学的に探究するために必要な資質・能力を次のとおり育成することを目指す。

〈外国語〉

外国語によるコミュニケーションにおける見方・考え方を働かせ、外国語による聞くこと、読むこと、話すこと、書くことの言語活動を通して、簡単な情報や考えなどを理解したり表現したり伝え合ったりするコミュニケーションを図る資質・能力を次のとおり育成することを目指す。

〈数学〉
数学的な見方・考え方を働かせ、数学的活動を通して、数学的に考える資質・能力を次のとおり育成することを目指す。

これらの教科目標を整理してみると、社会科と理科は内容教科、外国語はツールの教科、数学はスキルの教科と捉えることができ、教科による特色の違いが分かります。

②中心的な概念
〈社会科〉「公民としての資質・能力の基礎」
〈理科〉「科学的に探究するために必要な資質・能力」
〈英語〉「コミュニケーションを図る資質・能力」
〈数学〉「数学的に考える資質・能力」

目標の違いに対して、それぞれの目標の中心的な概念を整理すると、校内研究を進めるうえでのプロセスが見えてくると考えます。

たとえば、それぞれの教科の特色は違っても、「教科の専門性」を追究していく研究主題などを設定することによって、校内研究が可能となるということです。

(3) 社会科としての研究

次に、社会科として校内研究を深めるために、目標における中心的な概念をどのように達成するかを考えることが必要です。たとえば、以下のような例が考えられます。

- 社会的事象への関心・意欲について、社会のできごとに関心をもち、正しい情報や知識などを追究しようとする意欲を高めること。
- 社会的事象に対する公正な判断力について、自己の意見や考えをもち、他者との意見交換等を通して、公正な判断力を身に付けること。
- 民主的な合意形成ができる能力を身に付けること。
- 社会参加と社会形成への意欲について、社会と積極的にかかわり、社会をつくっていこうとする態度を身に付けること。
- 他者とのかかわりについて、人とのかかわりを大切にし、他者や社会とかかわろうとすること（(1)〜(4)のすべての段階にかかわる）。

これらの資質を育成することが、「公民としての資質・能力の基礎」を養うことにつながると考えます。

（三枝 利多）

生徒観と学級経営

1 生徒の発達の段階

「中学生になったら発言が減ってしまう」「中学に入った頃は発言が多かったのに次第に減ってしまった」という話をよく聞きます。

これは、他人の目を気にするという中学生の精神面での発達の段階とかかわることだと考えられます。しかし、それだけが原因でしょうか。現実に、中学校においても活発な発言が見られる授業が多くあることも事実です。

発言が少ない背景には、発言を控えさせる要因があると思われます。発言しようとする気持ちがあっても、発言に対する批判や揶揄があれば、中学生は強く自意識が働き、発言を控えることになるでしょう。

このような発言をすることに対する支障を取り除き、伸び伸びと発言を保障することが、様々な学習活動を行ううえで必要なことだと考えます。

2　授業の雰囲気づくり

中学校においては、基本的に学習集団としての学級の役割が大きいと考えられます。お互いに他の人を大切にする気持ちをもち、すべての構成員にとって居心地のよい集団ができていることが望ましいのです。

社会科の授業改善を考える際にも、授業の根底となる学習環境を抜きにしては改善は果たされません。自由に発言できる雰囲気をつくり出す努力をすることが大切です。また、学級の雰囲気づくりの基本となるものに、教師と生徒の関係があります。中学校の多くの教師が、最初の授業の工夫のなかで配慮することの一つは、この関係のスムーズな構築だと考えます。

私は、最初の授業のオリエンテーションのなかで「授業のルール」として、次の3点を生徒に話すことにしています。

「どんな発言（意見）でもかまいません。思い付きや予想でもいいから発言しましょう」（「分からない」とは、できるだけ言わないように）

「発言（意見）はできるだけたくさん出しましょう。そのなかからよいものがきっと出るはずです」
「他の人の発言（意見）を批判したり、からかったりしないでください」
※授業のルール以外に伝えること
「予習はしない」：予習をしてきたら、皆が正答を答えてしまい、授業は盛り上がらない。間違った回答が出てこそ、授業は広がる。
（関 裕幸）

教師にとっての社会科の課題

1　授業改善のかべ＝「入試」

中学生を対象とした調査で「社会科（歴史）ではどんな授業をしてほしいですか？」という問いに対して、「分かる授業」という回答が多いと言います。生徒にとって「分かる授業」とは、教科書に書かれている内容を分かりやすく説明してくれる授業だということです。

また、「社会科（歴史）は暗記もの」とも言われます。これは、暗記していれば定期テストで点数が取れるということを意味していると思われます。授業中に「ここはテストに出るのですか」と聞く生徒がいたり、「ここはテストに出るから覚えておきましょう」という教師の発言も聞かれます。

「テストのため」というときの、その最たるものが「高校入試（入試）」です。実際には入試のあり方も変化しており、断片的な知識の量を増やすだけでは対応できなくなってきてはいますが、まだまだ入試自体が変わり切れていない現実もあります。中学校では「入試のために」という理由で、知識注入を中心とした授業が行われているのが現状です。

それでは、入試が変われば（なくなれば）、知識注入を中心とした授業は変わるのでしょうか。

社会科の授業は、「教師が知識を与え、生徒はそれを受け取って覚えるものだ」という授業観が根強くあります。また、教師も生徒の活動を重視した授業をつくるのには手間と時間がかかり、知識注入を中心とした授業のほうが楽、安心であると考えているのではないでしょうか。そうしたことから、知識注入を中心とした授業が改善されるのはなかなか難しいとも思われます。

2　生徒が充足感・成就感をもてる授業の実現

中学校社会科、特に歴史の授業において「楽しい授業」とはどんな授業でしょうか。「先生の話が面白い」などということもありますが、授業が楽しいということは、その授業に参加していて充足感があるという感想をもったり、成就感を得ることができたりすることだと考えます。

学ぶことが楽しいという経験を中学校の歴史の授業でも体験させる必要があるのではないでしょうか。そのためには、小学校の学習方法を参考にするべきです。

小学校では、中学校以上に子供の活動を重視した授業が実践されています。こうした小学校で行われている「参加型の授業」を積極的に導入する必要があると考えます。

（関 裕幸）

第4章 社会科授業で大切なこと

〈小学校〉中学年

1　教材の豊かさ

(1)「観」の表れ

社会科らしさが表れるのはやはり教材です。教師が何を大切にしているのかがはっきりと見え、児童観や授業観が色濃く出ます。ある意味、社会科の教材は教師の生き方の豊かさを反映しているとも言えます。

特に、中学年は地域教材を扱います。地域に即した教材が必要となるため、教材づくりにはより力を注ぐべきです。

(2)　教材づくりのポイント

私の場合は、**資料1**に挙げている六つを教材づくりのポイントとしています。豊かな教材にしようと思えば、これら六つの視点が必要だと感じています。ここでは紙幅の関係で具体的な例を挙げることはできませんが、常に六つのなかのいずれかが含まれるような教材づくりを意識しています。

資料1　教材づくりの6つの視点

1	児童が主体的に追究できる教材	子供たちが問題意識をもち、知的な「おもしろさ」を感じられる教材
2	見方・考え方を働かせられる教材	「問い」が生まれやすく、多角的・多面的に追究していける教材
3	現在の社会問題に対応する教材	よりよい社会をつくっていくために、目の前にある問題をよりよく解決しようと思える教材
4	横のつながりを意識した教材	単元間や、他教科とのつながりを考えることができる教材
5	縦のつながりを意識した教材	学年を越えたつながりを意識し、長いスパンで追究できる教材
6	人の姿が見える教材	人の思いや願い、苦心苦労が見え、子供たちに感動や憧れとともに、将来への希望を抱かせられる教材

2 「間」をとること

(1) 授業内の「間」

授業のなかでの「間」を大切にしています。児童が発言した言葉を受け止めた後に一呼吸置く瞬間や、教師が発問や説明をした後に一呼吸置く瞬間です。

児童は「間」があることで自分の問題として捉えたり、じっくり思考したりすることができます。児童の豊かな発言やつぶやきは、この「間」があるときに生まれます。「間」のない授業では、児童は息継ぎできず、無機質な発言が多くなります。

(2) 授業外での「間」

「子どもが育つのは、授業の中で育つのではなく、授業と授業の間で育つ」

これは、『しなやかな授業』（黎明書房、1989年）で語られている山田勉氏の言葉です。

ここで言う「間」とは、「本時の授業と次の授業までの間に生じる時間のこと」です。

児童が自ら追究したり、さらに深く考えたりするには、この「間」が非常に重要です。

児童がこの「間」を意識し生かすためにも、次の二つを意識しています。

●授業内容は子どもたちの「問い」が生まれるようにすること。
●授業内で解決することと、授業内で解決できないことを明確に分けること。

授業内ですべてスッキリとさせてしまわずに、児童が「気になるもの」を残せるようにしておきます。この「もやっとしたもの」が残るからこそ、児童はまた追究しようとします。

また、児童が常に「問い」を意識できるように、授業後に残った「問い」を児童自身が記録するようにしています（本校では、ロイロノートを使用しています）。

残った「問い」を記録しておくことで、いつでもその「問い」に対して児童が関心を寄せられるようにします。すると、児童は「間」を生かし、残っている自分の「問い」に向き合うようになります。自分のペースで「間」を豊かな時間にできます。児童が「問い」をもち、中学年のうちから追究する習慣を身に付けさせたいものです。

3　記憶よりも記録

(1)「個」を見る

「本当に『個』の成長を見ることができているのか」ということを自問自答します。

自分の実践で弱いところは「徹底的に個を見る」ということです。個を見るために一人一人の記録はとっていません。しかし、「徹底的に」というと自信がありません。

「ひとりに着目することは、その子との関係において他をもみること」と上田薫氏は『学力と授業』（黎明書房、1988年）のなかで述べています。

今一度、「徹底的に個を見る」ことで、授業における児童の思考の流れや一人一人の児童の認識の変化、関係性の理解を客観的に把握していく必要があります。客観的に把握するには、記録をとり続けるしかありません。

(2)　本当の児童理解

そこで再注目したいのは、静岡市立安東小学校で有名な「カルテ」と「座席表」の実践です。

タブレット端末導入により、私自身もタブレットを常に持ち歩くようになりました。グッドノートというアプリを使って、座席表のデータを入れています（**資料2**）。おかげで、児童の記録がとりやすくなりました。

資料2　座席表データを活用した記録

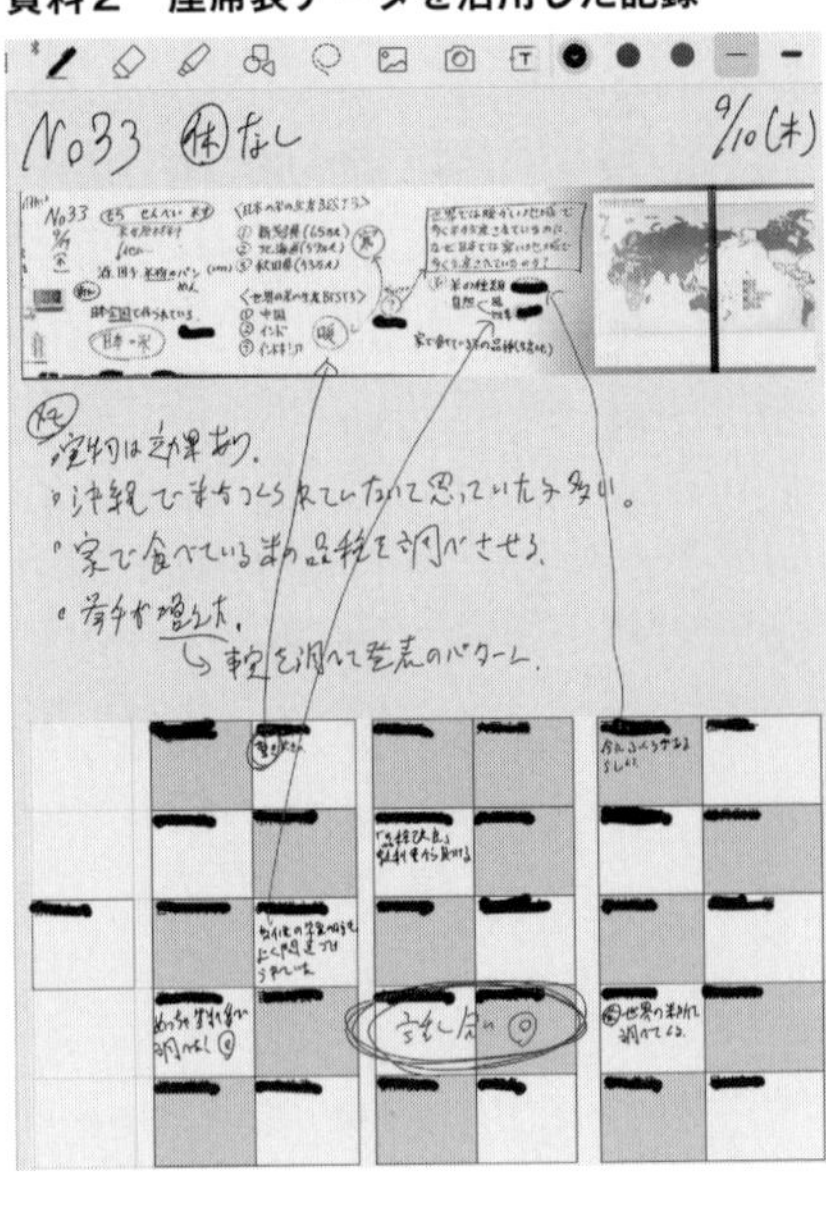

ポイントは、簡潔かつ即時的・継続的に記録をとることです。それをつなぎ合わせたときに児童の本当の姿が見える気がします。座席表だけでなく、板書写真も貼り付けておくと、より具体的・視覚的に児童の様子を把握できます。美しく記録するのではなく、泥臭くても生の言葉を綴り続けることが重要です。

（宗實 直樹）

〈小学校〉高学年

1　私が思う「高学年社会科の位置付け」

高学年社会科は、中学年での学習を受け、中学校へ橋渡しをしていく位置付けです。そのなかで私自身は、高学年社会科でどのようなことを大切にしているのかと振り返ってみました。そこではっきりしたのは、次の三つです。

- 指導者として教材の本質を探ること。
- 児童目線を常に忘れずに学習を構成すること。
- 知的な楽しさがあること。

2　高学年社会科の実践で大切にしていること

(1)　指導者として教材の本質を探ること

私は授業研究（や指導教諭としての授業公開）の際にはかなり深く教材研究をします。たとえば、第5学年「米づくり」でのことです。たくさんの情報を集めつつ、頭のなかでは「なぜ、児童は米づくりの学習をする必要があるのだろう」と自分に問いかけています。「米づくりの学習を通して、児童は何を得ることができるのか」という問いに対して、授業者としての明確な考えをもつことを重視しているからです。

私なりに捉えたこの教材の本質（と思しきもの）は、「米づくりには、生産者を支える社会の仕組みが作られており、その働きによって消費者の食料が安定的に供給されている」というものでした。単元ごとに教材の本質を捉えておくと、学習中の児童の考えを価値付けることができると感じます。

本質を探ることは、他教科でも同様と聞き、重要さを改めて感じます。以前ご一緒させていただいた道徳科の指導教諭の方は「『誠実』とは何かということを掘り下げていく」とおっしゃっていました。

教材の本質を基にして学習を構成することで、児童が見方・考え方を働かせ、社会的事象を捉えられるようになっていきます。そして、小学校で獲得したことが、中学校社会科での理解の枠組みとして機能していきます。

(2) 児童目線を常に忘れずに学習を構成すること

教材研究を通じ、授業者としてたくさんの情報を手に入れると、どれもが重要に思えてしまうことがあります。その結果、難しい用語がたくさん並んだ自作資料を児童に提示してしまうのです。

私は資料を自作するときには、先に述べた「本質」とどうかかわるかを念頭に置いて精査します。児童にとって、あまりにも難しい用語が並んだ資料、たくさんの情報が詰め込まれている資料は、通読するのに精一杯で、それを活用して「問い」について考える前に力尽きてしまいます（これは、私自身がした失敗です）。

(3) 知的な楽しさがあること

高学年は知的好奇心がより高まる時期です。

「資料から事実をたくさん見付けられた」というだけでは、学習としての満足を高めることは難しくなります。学習のなかで「実はそういうことだったのか」と謎解きのようにする場面や、「自分だったら○○だな」といった児童のこだわりを発揮させる場面をつくることも大切にしています。

そのために私は、「深めるタイム」という場面を設定しています。考えを深めるための発問を私がしたり、児童が互いの意見に対して質問をしたりする場面です。

たとえば、第6学年の歴史「明治維新」の学習では、「不平等条約を江戸幕府が結んだ」

ということについて、児童から児童へ「不平等だと分かっているのに、どうして結んだのですか」と質問があり、当時の国際情勢に目を向ける展開になりました。「深めるタイム」を学習場面に取り入れることで、先行して社会科用語を知っている児童も意味を深く考え表現しようとする姿が増えました。これは、児童の知的好奇心を喚起することができたからだと考えます。

この「深めるタイム」が実現できているのは、教材研究の深さによるものだと私自身は感じています。

3 学習が想定から大きく外れてうまくいかなくなるとき

授業参観をしたり、若手のころの自分を振り返ったりすると（悪い意味で）「想定から大きく外れた学習となってしまった」と感じるものがあります。指導者のテクニックが重視された学習になっていることが、その要因だと私は考えています。

たとえば、「○○の地図を出して、児童に○○と発言させよう。その発言が出なかったら、さらに○○の資料を出そう。そこで、○○と発問して…」といったものです。学習の道筋があまりにも細かすぎて、想定を一つでも外れたら授業者はパニックになってしまうような展開です。

このような細かな展開を行うには、相当なテクニックが求められます。私自身、このようなスタイルで授業を行った結果、苦い経験をしたことがあります。

私が授業を参観していて、ときに悲しくなる教師の言葉があります。それは、児童の発言に対して「ほかには？」というものです。教師が想定している発言のみを取り上げようという雰囲気を感じるからです。

そうならないためには、教師のテクニックが全面に出て「児童に学習させる展開」ではなく、1時間の学習において「『本時の問い』について情報を集め、話し合い、考えを深める時間を経て、まとめを書く」といった児童の活動に多くの時間を割き、「児童が自ら学習する展開」にする必要があると私は考えています。

（横田　富信）

〈中学校〉地理的分野

私は、年度当初にはじめて受けもつ年の生徒に対しては、第1回目の授業のなかで社会科で教える地理と歴史について、好きか嫌いかのアンケートを行うことにしています（3年生を受けもった場合は、公民についてのアンケートも行う）。

一般的に、地理と歴史を比較すると、生徒のほうは、地理よりも歴史好きの生徒のほうが多い傾向にあります。嫌いな理由を聞くと、「学習する意義を見いだせない」といったことや、「役に立たない多くの知識を覚えなければならない」「細かいことが多くて分かりにくい」といったことを挙げる生徒が多いと言えます。

実際、学習する意義を見いだせなければ、社会科を好きになることは難しいでしょう。また、役に立たない多くの知識を覚えさせられることや、分かりにくい授業を受けることは、生徒にとっても苦痛だろうと思います。

そこで、生徒が社会科を好きにするために、次の三つを行っています。

●社会科を学習する意義を見いださせること。
●意味のない暗記を強いるのではなく、意味のあることを生徒自身に捉えさせる授業を行うこと。
●生徒が興味・関心をもち、分かりやすい指導を心がけること。

実際に行った指導を、以下に述べます。

1　地理的分野を学習する意義を理解させる

私は第1回目の授業で、「なぜ、地理の学習を行うのか」を問うことにしています。生徒からは次のような回答がありました。

「外国や他の地域に行ったときに役に立つ」

「国際交流をさかんにするため」

「世界情勢を知ることができるから」

「他の国と日本との関係を知るため」

ここで、「井の中の蛙、大海を知らず」という諺を出し、「狭い井戸の中で生きている蛙は、広い世界を知らない」という意味であること、狭い範囲の知識だけで物事を考えるのではなく、広い視野から考えることの大切さを説明しました。

たとえば、東京タワーはパリのエッフェル塔を真似したものであり、サンドイッチはイギリスで、パンとおかずを効率よく食べられる方法として広まったのを、日本でも取り入れるようになったことなどを説きました。

そのうえで、**地理は、他の国や地域に暮らしている人々の生活や知恵を学ぶことによって視野を広げ、自分の生き方や自分が住んでいる地域をよりよいものにすることのできる能力を育てる教科であること**を説明しました。

気候変動や天然資源の枯渇、自然災害、伝染病、生物多様性の喪失、人権侵害、貧困など、世界規模で様々な問題が生じています。国内においても、自然災害の多発、過疎・過密の問題、資源エネルギー問題など、様々な問題が露呈しています。これらの問題の解決には、地理的知識が不可欠であり、世界的に地理が持続可能な社会づくりに不可欠な教科だと認識されるようになってきたことを気付かせるようにしました。

2 地理学者が地域的特色を捉えるプロセスを追体験させる

地理の学習は、社会的事象の地理的な見方・考え方を育成するとともに、地域的特色を明らかにすることです。地理学者は地域を直接調査したり、地図化したり、統計資料や景観写真などを分析したりすることを通して、地域的特色を捉えています。

「身近な地域の調査」や、自分が住んでいる地域の一部を直接調査することは可能ですが、それ以外の地域は直接調査することは難しいでしょう。しかし、直接調査することは難しくても、地図や統計資料、景観写真などから読み取ることは可能です。

そこで、直接調査が無理な「世界の諸地域」や、自分が住んでいる地域以外の「日本の諸地域」を学習する際に、地図や統計資料、景観写真などから、地域的特色を捉えさせる学習指導を行っています。すなわち、地理的分野の指導の過程で、地理学者が地域的特色を捉えるのに使うのと同じような地図などの資料を使って、地域的特色を捉えさせるのです。

たとえば、日本のコンビナートの分布を示した主題図で、コンビナートを赤で着色させます。すると、コンビナートが海沿いに立地していることが分かります。次になぜ、海沿いに立地しているのかを考えさせます。

日本は鉄鉱石や原油などの地下資源に乏しいため、これらを海外から船で輸入することになります。船で輸入するには、海沿いに工場をつくるのが有効です。そのため、海岸沿いにコンビナートは立地しているのです。

このように、地図から分布の特色を明らかにし、その理由を考えさせることが、社会的事象の地理的な見方・考え方を育てることにもなるのです。

3　ＩＣＴを活用し、生徒が興味・関心をもち、分かりやすい授業

地理的分野の学習は、生徒が行ったことがない地域や、見たことのない外国の地理的事象などから、地域的特色を捉えることを特徴としています。そのため、教科書の本文を読んだり、口頭で説明したりするだけでは、生徒は地理的事象や地域的特色をイメージすることが難しいと言えます。

地理的事象や地域的特色をイメージできないと、学習内容を理解することができず、授業も楽しくなくなってしまいます。しかし、写真や映像資料などを活用すると、地理的事象や地域的特色をイメージしやすくなり、興味・関心が高まり、学習内容への理解を深めることになります。そこで、ＩＣＴを活用するなどして、生徒が極力学習内容をイメージしやすくなるような授業を心がけることが大切です。

（池下　誠）

〈中学校〉歴史的分野

私は現在、公立中高一貫校に勤務しており、毎年1、2年生の歴史的分野の授業を担当しています。また、東京都中学校社会科教育研究会（都中社研）の歴史専門委員会に所属し活動しています。これまで、歴史学習を中心に研究・実践をしてきて、現在の中学校の歴史学習の現状について、感じていることを述べたいと思います。

1　歴史学習は内容も大切！

最近、中学校の歴史学習では学習方法の研究が進んでおり、研究授業や研究発表会の公開授業でも、生徒参加型の授業が多く見られるようになりました。しかし、学習方法の工夫に重点を置くあまり、生徒に身に付けさせる学習内容がおろそかになっている事例を見かけます。

たとえば、学習課題の発表の場面において、発表方法は工夫されているが、生徒間で発表内容を共有できていない授業や、身近な地域の歴史を調べる活動を行っているが、調べた内容が日本の歴史全体のなかに位置付けられていない授業などです。歴史学習においては、学習方法も大切ですが、学習内容はもっと大切だと考えます。

私は、これまで歴史学習において研究・実践が進んでいない学習方法に取り組んできましたが、最近は、教材の開発に重点を置いて研究・実践をしています。

歴史学習における教材開発のポイントは、次の3点であると考えています。

●生徒の認識を揺さぶる教材
●多面的・多角的な見方を鍛える教材
●教師が面白いと感じる教材

ます。

2　教師が楽しいと思う授業を！

私が所属する都中社研歴史専門委員会は、毎月1回、平日の夜に委員会を開催しています。

勤務時間外に集まって研究を進めているのだから、「生徒や教師にとって役に立つ」という視点だけでなく、「（自分たちにとって）楽しい・面白い」という研究をするべきであると、若い先生たちに話をしています。また、授業においても、生徒だけでなく、教師にとって「楽しい授業」を開発することを常に意識しています。

中学校では、地理・歴史・公民の三分野すべての授業を行わなければなりませんが、若い先生たちから、歴史の授業が最も難しい（やりずらい）という声を聞きます。

歴史の授業づくりに大切なことは、教師自身が歴史に関心をもつことです。たとえば、歴史マンガやアニメ、ゲームなど身近なものから接することも「歴史好きになる」一つの方法かもしれません。

（関　裕幸）

〈中学校〉公民的分野

1 活動型授業の重要性

内容教科である社会科において、中学校では内容も多くなり、高度になるため、講義形式の授業が増えることになりますが、そうしたなかでも、社会科の目標の実現や、新学習指導要領が目指す主体的・対話的な深い学びを実現するためには、活動型の授業がとても大切となります。

そこでここでは、活動型授業を有効なものとするために必要なことについて紹介します。

2 活動型授業で効果を上げるためには何が必要か

(1) 活動型授業を取り入れる際に必要となる教師の見通し―この活動から何を学ばせるのか

活動型の授業を通して何を学ばせるかについては、教科書の記述内容ではなく、学習指導要領の内容をつかみ、中心概念をつかんでおく必要があります。第3章で述べた研究授業の進め方における、授業づくりの着眼点と同様です。

(2) 最初から教え込まない我慢と工夫

最初から教師主導で教え込まない我慢と工夫が必要です。そのためにも、活動型の授業を通して何を学ばせるかについて、教科書の記述内容ではなく、学習指導要領の内容や中心概念をつかんでおく必要があります。

生徒に身に付けさせたい内容を教師がつかんでいれば、活動型の授業の過程で生徒に気付かせたり、発見させたりする我慢ができたり、そのための教師の支援の手立ても工夫できるようになります。また、活動が終わった後の振り返りの授業で、何を身に付けさせなければならないかという点も把握できます。

(3) 生徒の見方・考え方などを分析して生徒の変容に気付く

生徒の見方・考え方をワークシートなどを使って分析することは、とても重要なことであると考えます。こうした地道な作業を通して、生徒の変容を知ることによって、「何が生徒のためになっているのか」という授業への確信が生まれてくるからです。

この作業は、活動型の授業を行った際の評価という問題にも、当然かかわってくるので大切にしたいものです。また、授業記録を残すために、グループごとの話し合いを録音させておいたり、ディベートなどをＶＴＲに録画したりしておき、後で生徒たちが振り返ったり、教師が分析する際に活用することも効果的です。

教師の側がこの体験を積み上げることによって生徒の変容をつかむことができれば、授業への自信が湧いたり、課題を発見して新たな改善や工夫を加えていったりするなど、教師の原動力になっていくと考えます。こうして、「授業が変わった。生徒が変わった。そして教師が変わった」というプロセスを、体感できる教師が増えていくことを願ってやみません。

(4) 振り返りの授業を大切にする

活動型の授業をする際に、この活動を通して生徒に何をつかませるかという見通しをもって授業を行っていても、すべてを網羅的にはできないので、振り返りの授業での教師の役割も重要となります。

生徒の活動の過程で出てきた見方・考え方（発言やワークシートの記入内容）等をなるべく活用しながら、活動を通して身に付けたことを共有化したり、一般化したりしていく授業となります。

この授業がそれまでの活動の授業とかけ離れていると、生徒は不安になり、教師も自信を失うことになりかねないので、注意すべきです。ここでも、活動型の授業でつかませたい内容の見通し、最初から教え込まない我慢と工夫、生徒の変容を知ることによって、「何が生徒のためになっているのか」という授業への確信が重要となります。

また、生徒の活動の過程で出てきた見方・考え方（発言やワークシートの記入内容）などをなるべく活用しながら、活動を通して身に付けたことを共有化したり、一般化したりする授業にすることは、「生徒が自分の言葉で理解できているのか」につながります。同時に、これらの生徒の発言を他のクラスの振り返りの授業においても共有化することは、生徒が自分の所属感や有用感をもつことへとつなげられるのです。

(5) 外部講師を授業に取り入れる

活動型の授業を行う際、ワークショップなどの外部講師との連携を取り入れていくことが、とても有効な方法です（第3章で述べた「課題解決的な学習」の項を参照）。

(6) 授業をパッケージで考える―ストーリー性や系統性を工夫する

活動型の授業を行う場合に、生徒の活動をメインに据えながらも、単元など授業全体をパッケージで考える必要があります。導入やまとめなどの場面では、当然、講義型の授業も展開されます。つまり、「深い学び」となるためには、1時間完結型授業だけではなく、単元全体を通した構想が必要となります。

(7) 「深い学び」とするために

主体的・対話的な学びを「深い学び」に到達させるためには、生徒にとっては「思いつきだけではなく根拠をもった発言」が大切であり、教師にとっては「ひらめきだけではなく、ねらいや観点をもった授業づくり」をすることが、とても重要です。

（三枝 利多）

第5章

小・中学校社会科が共に発展するための鍵

指導方法の工夫・改善

学習指導要領は、法令上「教育課程の目標と内容の基準」に位置付けられ、具体的な指導方法には触れず、それは各学校、各教師が工夫すべきこととしてきました。

その動きに大きな変化が見られたのは、まず平成20年告示の学習指導要領です。このときの改訂では「言語活動の充実」というテーマが盛り込まれました。そしてさらに、平成29年告示の学習指導要領では、「主体的・対話的で深い学び」というテーマが盛り込まれ、それを単元のまとまりを通して実現することが求められました。「単元の授業づくり」というスパンで指導方法の工夫・改善が規定されたわけです。

したがって、小・中学校の社会科が共に授業改善を目指す方向は、「単元を通した」「主体的・対話的で深い学び」の実現ということになります。こうしたメッセージは、校種を越え、教科の枠組みをも越えて、共に授業改善を目指す指標として効果的なものであると受け止めます。

また、令和3年1月に中央教育審議会から答申された「『令和の日本型学校教育』の構築を目指して」では、「個別最適な学び」という文言で「指導の個別化」と「学習の個性化」

が求められています。そのための具体策として、「ＩＣＴ環境の活用」や「一人一人に応じた学習活動や学習課題に取り組む機会の提供」が示されました。

答申では、「子供が自らの学習の状況を把握し、主体的に学習を調整することができるよう促して」「粘り強く学習に取り組む態度等を育成すること」などが強く求められています。学習評価の観点の一つである「主体的に学習に取り組む態度」と同様の趣旨であると受け止めることができます。

こうした動きを見ていると、これからの指導方法の工夫・改善の方向の一つは、「ＩＣＴを効果的に活用」しながら、「子供一人一人に最適な学び」を「子供が自ら調整しながら進めることができるよう「学習課題や学習活動を工夫」することではないかと考えることができそうです。

さて、小学校社会科、中学校社会科のそれぞれで、こうした方向をどの程度受け止め、授業改善につなげていけるでしょうか。

少なくとも教師による一斉型の指導のみで授業を進めることでは、改善の方向につながりづらいことは容易に想像できます。ＧＩＧＡスクール構想を視野に入れると、もはや子供一人一人のタブレット端末やデジタル教科書などを前提に考えることが必要になるでしょう。

また、「学習問題や本時のめあて」（小学校）や「単元や本時の学習課題」（中学校）の内容や設定の仕方、学習活動のあり方についても、これまで以上に工夫が求められることになりそうです。

また、同答申のもう一つのメッセージとして「協働的な学び」にも着目することが必要です。具体的には、「子供同士で、あるいは多様な他者と協働しながら、他者を価値ある存在として尊重し、様々な社会的な変化を乗り越え、持続可能な社会の創り手となることができるよう」にし、「地域の構成員の一人や主権者としての意識を育成」することを求めています。

こちらは、従来から社会科が目指している方向と重なります。ただし、小・中学校社会科における具体策としてはどうでしょう。「多様な他者と協働」して学ぶ活動や、そのための内容・課題、教材の「持続可能性」への着目、そして何よりも社会科らしい学習活動である討論や議論の充実などが、今後の小・中学校双方の社会科の発展につながるのではないでしょうか。

（澤井　陽介）

知識の構造化から問いの構造化へ

1 「知識の構造化」の功罪

知識の構造化にはさまざまな考え方があります。ここでは、知識を「用語や語句」「具体的知識」「概念的知識」の三つに分類し、相互の関連性を図るという考え方を採用します（北俊夫著『社会科の学力をつくる知識の構造図』明治図書出版、２０１１年）。

社会科授業では、数多くの用語や語句が使用されます。それらは固有名詞的なものがほとんどです。１時間や１単元内であれば、児童・生徒が考察を深めるために様々に活用することができますが、その他の学習で役立てられることはあまりありません。

具体的知識は、１時間の授業ごとに習得させる知識です。社会科授業の悪しき伝統として、用語や語句にこだわりすぎて「暗記社会科」になるか、単元を意識するあまり一時間一時間の授業が疎かになることがあります。具体的知識を文章で表現して、１時間で確実に身に付けさせるべき事項を明確にしておくことが必要です。

概念的知識は、単元全体を通して習得させる知識です。「中心概念」と言い換えることもできます。数多くの用語や語句、複数の具体的知識を総合させた先に、概念的知識が成立します。社会科で究極的に大切にされるべきは、この概念的知識です。一般には、単元の終末で児童・生徒にこれを確認させることになります。

つまり、**「用語や語句」→「具体的知識」→「概念的知識」といったように、三つの知識をつなぎ合わせ、積み重ねることで、知識の構造化が完成**します。改訂学習指導要領では、「単元などの内容や時間のまとまり」を意識して、社会科授業を進めることが強調されていますが、この「まとまり」をどうつくるかの段階で、知識の構造化の考え方と具体的な方法は大いに役立つにちがいありません。

小学校では社会科を苦手とする教師が多く、また、最近では若い教師が増加しています。そのような教師に対して、社会科授業のあり方を分かりやすく伝えるために、知識の構造化は役立つのかもしれません。一方で、だからこそ留意すべき面もあると考えられます。

知識に過度に傾注して単元を構想することで、教師の構想する社会科授業の枠組みに、児童・生徒を当てはめるような発想が生まれてしまうことがあるため、知識の構造化は、教師のためにあるということも確認しておく必要があります。児童・生徒のための社会科授業づくりには、「問いの構造化」が求められるのです。

2 問題（課題）解決的な学習を推進する「問いの構造化」

社会科授業における問題（課題）解決的な学習は、今になって求められたわけではありません。中学校ではなかなか成立しないと言われますが、多くの教師はこれまでも努力を重ねてきました。小学校では定着しつつある問題解決的な学習においても、教師は試行錯誤を重ね、よりよいものをつくり上げようと工夫を凝らしてきました。

しかし、依然として、問題（課題）解決的な学習には課題が残されています。その課題のなかで特に注目すべきだと思われるのは、形式主義的な問題（課題）解決的な学習の横行です。「問題（課題）把握」→「問題（課題）追究」→「問題（課題）解決」といった、問題（課題）解決の段階を単元、あるいは1時間の授業に明確に位置付け、それを児童・生徒に辿らせることに終始する社会科授業が少なからず存在します。

段階を明確にすることとは、決して間違った取組ではありません。ここで考えなければならないことは、段階のよし悪しではなく、その段階において「問い」が明確に位置付いているかどうかです。

ここで、「問いの構造化」という考え方が必要とされます。その考え方や方法は、知識の構造化と同じです。

まず「単元を貫く問い」を明確にします。小学校であれば、「学習問題」と呼ばれるものです。次いで、「1時間の問い」を明確にします。小学校であれば「学習のめあて」、中学校であれば「学習課題」と呼ばれるものです。1時間の問いの解決が繰り返されることで、単元の問いの解決がなされるという構造になります。

なお、ここで言う「単元」には、注意が必要です。

単元にも、大単元・中単元・小単元と、さまざまな大きさがあります。大単元のなかに複数の中単元があり、中単元の中に複数の小単元があると考えるのが一般的でしょう。各レベル（大きさ）の単元の問いは、相互に関連し合っています。たとえば、小単元の問いの解決がつながることで中単元の問いの解決になるということです。こうして、単元を入れ子状態にしていくことで、社会科の教育課程は完成されるのです。

問いの構造化を図るうえで困難を抱えることが予想されるのは、小学校よりも中学校です。そもそも中学校では、一時間一時間の授業を大切にする発想は根付いてきましたが、単元を構想するという発想が希薄であったという印象を受けます。

たとえば、公民的分野の政治単元を考えてみましょう。大単元「政治」の問いは何か。そのなかにある小単元「国の政治」と小単元「地方の政治」の問いは何か。それを明確にしたうえでの、1時間の問いです。この構造化が明確にならないと、主権者の育成は難しいでしょう。基本的な知識の習得さえ、十分なものにならないと考えます。

社会的事象、そして、そこから発生する社会的課題に「問い」をもつことが大切です。私たちの身の回りには数多くの社会的課題がありますが、それに気付いていない児童・生徒はたくさんいます。それを自分事と捉えさせるためにも、問いは必要なのです。

（唐木 清志）

校内組織の充実

1 小学校の校務分掌組織を生かす

「今年度はじめて、社会科主任を校長先生から拝命されましたけれど、不安が多いです」

小学校3年生の社会科の学習は、「学区域を中心とする地域学習」です。そのため、初任者や他の市町村から転入したばかりの教師にとっては、「学区域の地域学習」のみならず、「社会科の授業を担当する中心的な立場である主任」を担当することには、戸惑いが感じられる場合があります。

さて、各市町村では、「地域学習」を円滑に実施できるようにするために、小学校社会科副読本を作成しています。この副読本の作成・編集については、社会科担当の校長を責任者として、教育委員会の指導主事が事務局、そして、小学校の社会科主任等の教師が担当しています。

このメンバー構成を有効に活用することによって、学びの場が拡大するとともに、人的ネットワークが拡大します。社会科副読本の作成・編集会議を通して、学んだことを各学校に持ち帰り、各学校の社会科の実践に生かしていきます。

次に、教科担任制を取り入れることによって、「専門性を生かし、伸びる児童・生徒をさらに伸ばす」ことが可能となります。特に、5、6年生の教科担任制としては、社会科と理科が容易に可能となります。年間の授業配当時間が同数であるためです。

1学級あたりの学級数が複数の学校においては、複数回授業ができるので1回の教材研究で複数回授業ができ、授業の回を重ねるにつれて、創意・工夫を重ねて、よりよい授業を実施することができます。児童にとっては、知的好奇心をくすぐる授業を受けることができる利点があるのです。

2　中学校の校務分掌組織を生かす

「中学校の社会科主任は、３年目なのですが、小学校の社会科の授業を市教育研究会の授業研究会で１年に１回参観するだけで、小学校の指導内容をあまり知らないのです」

ある教師の言葉です。「小学校で、学習してきたはずなのに、どうして覚えていないのだろう」このような思い込みは、中学校の教師の意識としては現存するでしょう。

そこで、前述の小学校社会科副読本の作成・編集のメンバーに、中学校の社会科教師に参加してもらいます。これによって、小学校の学習内容を学ぶ機会を得ることができます。さらに、中学校の社会科教師の社会科の専門的な知識・技能を生かすことができます。

次に、中学校区の小・中学校での「小中連携」または、「小中一貫」授業研究会の開催です。小・中学校の教師が、互いの校種の授業を参観する機会を増やすことによって、他校種の授業構成や内容を理解するきっかけとなります。

また、小・中学校の教師がティーム・ティーチング授業を実施することにより、他校種の授業構成や内容を実践的に学ぶ機会となります。さらに、各校の年間指導計画を交換し合うことによっても、他校種の学習指導内容を理解するきっかけとなります。

「小中連携」「小中一貫」は、教師の交流からスタートします。そして、このことが児童・生徒にとって理解しやすい授業、さらには、系統性・発展性のある授業となります。

3　大学の教員養成課程を生かす

「本校では、将来の教員をめざす、大学生のボランティア補助教員が、1週間に23人来ています」

これは、私が生涯学習社会において「幼稚園から大学まで連携して、地域に根ざした学校づくりを推進したい」という願いのもとで、校長として着任した小学校での学校経営の理念の実現を紹介したひとこまです。

特に、大学との連携では、サマースクール（夏季休業日中の補習）や授業でのボランティア補助教員としての赤ペン先生やプール学習の補助等によって、小学校の児童にとっては個別の支援の機会が増えるとともに、大学生とのかかわりを通して将来の自分自身を考える機会となります。

また、大学生にとっては、年下の児童に分かりやすく教えることの大切さを実体験することを通して、自分自身の将来像を見つめることができます。つまり、教員になりたいという信念を体験から学ぶとともに、授業や学級経営の根底となる児童との人間関係づくり、そして、授業に臨む前の教材研究等について学ぶ貴重な機会となります。

　現在、大学の教員養成課程の地理学・地誌の担当として勤務していますが、かつて、大学生のボランティア補助教員を積極的に受け入れてきた経験を生かし、「小・中学校へ体験を得るために学びに出る大学生」を育成していきたいと考えています。

　なお、これらの教育活動の体制づくりの基盤として、校長間のコミュニケーションと相互理解、そして、将来の社会人を育成していくうえでの共通の理想像の共有化を、教員間で行うことがとても重要です。


（針谷　重輝）

小・中学校連携・共同研究の可能性

1　社会科授業における小中連携の現状

　これまでも小中連携は行われてきましたが、小中一貫校や義務教育学校はもちろんのこと、小学校及び中学校には９年間を通じて育成を目指す資質・能力を明確化し、その育成を高等学校教育等に円滑に接続させていくことが求められています。

しかし、県や区市町村単位での社会科に関する研究団体はありますが、小学校と中学校それぞれが独自で指導方法等の研究を進めていることが少なくありません。いまだに、小学校と中学校の学校文化や授業スタイルの壁は存在しているのが現状です。

改訂学習指導要領では、教科等を越えて育成を目指す資質・能力や、小学校と中学校での学びをつなげる資質・能力の育成が、これまで以上に求められています。

このような状況下にあって、小中連携、共同研究への手がかりがあります。

2 「内容の枠組みと対象」を手がかりに連携に取り組む

『学習指導要領（平成29年告示）解説　社会編』は、巻末参考資料として「小・中学校社会科における内容の枠組みと対象」を掲載しています（22、23頁参照）。この資料により、三つの内容の枠組みから7年間の社会科の学習内容がどのようにつながっていくのかを共通理解することができます。

たとえば、この枠踏みを基に、小学校の単元が次学年や中学校のどの単元につながるかを確認することで、単元の目標をシャープにすることができます。小学校の高学年教科担任制の導入に合わせて、中学校の社会専科教師と連携していくと、より効果的です。

3　育成を目指す資質・能力を手がかりに連携に取り組む

小学校も中学校も社会科の目標は同じ構造です。

たとえば、三つの資質・能力を育成する単元の目標や目標の実現状況を把握する評価規準をどのように設定していくのか、学習指導案の作成作業を共同で行うことで共通理解することができます（**資料1**）。

また、実際の授業参観では、設定した評価規準に即して児童・生徒の学習状況を共同

資料1

枠組み	小学校				中学校		
	3年	4年	5年	6年	地理	歴史	公民
地理的環境と人々の生活							
現代社会の仕組みや働きと人々の生活							
歴史と人々の生活							

で分析することで、小学校と中学校で育成すべき児童・生徒像を具体的に描くことができます。

4　授業改善の視点を手がかりに連携に取り組む

「主体的・対話的で深い学び」の授業改善の視点としては、次が挙げられます。

［主体的］問題意識をもつ、追究の見通しをもつ、学習を振り返り成果を吟味する
［対話的］話し合い活動、実社会の人から聞く、特色や意味を多角的に考える
［深い学び］多角的な考察、課題解決の構想や選択・判断、論理的な説明や議論

たとえば、このなかから小学校と中学校で共通して授業改善に取り組む視点を選択し、その視点を踏まえた授業を相互に参観することで、教師の手立ての共通性や独自性を明確にし、お互いの授業スタンスを尊重しながらも、改善の方向性を共有することができます。

また、社会科における地域教材の開発を共同で行うことも考えられます。

同じ教材であっても、小学校と中学校のねらいを達成するためには扱い方が変わって

きます。共同で教材開発をすることを通して、互いの教材開発の視点や手法を学び合うことができます。さらに、年間指導計画のなかに共同開発した地域教材を位置付けることで児童・生徒の学びが小学校から中学校に連続し、社会に開かれたものになっていくことを期待できます。

5　ICT活用を手がかりに連携に取り組む

令和3年度から全国的に始まったGIGAスクール構想による1人1台のタブレット環境を生かして、小学校と中学校が連携した社会科の授業づくりの可能性が広がります。たとえば、社会科のデジタルドリルが導入されれば、個別最適化したドリル問題への取組を実現できる可能性があります。さらに、地域内の小・中学校で個人アカウントが引き継がれていけば、小学校の学習履歴を中学校の指導に生かすこともできます。

また、これまで、近隣校とはいえ、学校間の移動時間から、容易に相互の授業参観を行うことができませんでした。しかし、各校のオンライン環境が整えば、互いの授業をオンタイム、または、録画して視聴することが可能になります。加えて、中学校の社会専科教師が、小学校の社会科の授業中にオンラインで登場し、専門性を生かした資料の紹介や説明をする時間を設定することが可能になるなど、夢が広がります。

現在も校内で共有フォルダを使って資料などを共有していますが、今後は、小・中学校間でも資料やワークシートを共有することで、児童・生徒が相互に活用することできます。

小学校と中学校の相互のよさを共有した社会科授業づくりの未来は開かれています。

（石井 正広）

学習内容改善の可能性

【小学校】

平成29年告示の学習指導要領においては、小学校と中学校の社会科の内容を「地理的環境と人々の生活」「現代社会の仕組みや働きと人々の生活」「歴史と人々の生活」の三つに区分し、小・中学校社会科の内容の大まかな接続・発展を整理しています。しかし、平成29年の改訂作業としては、この区分をはじめにつくってから内容を構成していったわけではありません。現行の内容であったものをこの区分の枠組みに入れて位置付けを整理した、というのが正しい説明になります。すなわち、この区分の枠組みに沿って各学年の内容の系統性・発展性を考える余地はまだまだあるのだろうと思います。

その一つが「歴史と人々の生活」です。

この区分には、第3学年には内容⑷として「市の様子の移り変わり」が新設されました。その一方で、第4学年には、内容⑷「県内の伝統や文化」「先人の働き」があり、内容⑸に「県内の特色ある地域」として「地域の伝統的な文化を保護・活用している地域（選択）」があり、違いが分かりづらいこと（内容⑷は歴史的な内容であり、内容⑸は地理的な内容であることなどは説明してますが）や、教材となる事例が少ないことなどが指摘されています。

また、第5学年には「内容の取扱い」に書かれる事項はありますが、歴史にかかわる内容そのものはありません。第6学年になって日本の歴史を一気に学ぶようになっています。こうしたことから、第4学年や第5学年の内容を整理して、「変化」「継承」「人物の働き（課題解決）」などの視点を系統的・発展的につなぐことなどが求められます。

改訂のたびに話題になる「我が国の歴史」の第5・6学年の内容への分割も、歴史学習の目標を工夫するなどして、系統性や発展性を説明できるようになれば、実現に近付くのかもしれません。

このように、三つの区分を手がかりに、内容の改善を図っていくことが、小学校社会科の一つの方向として描けるのではないかと考えます。


（澤井　陽介）

【中学校】

1 学習指導要領に見られる内容改善・充実の視点

改訂学習指導要領では、「内容の改善・充実」において、特に中学校に関しては、次のような指摘がなされています。

中学校社会地理的分野においては、「世界の諸地域の学習」において地球規模の課題等を主題として取り上げた学習を充実させるとともに、防災・安全教育に関して空間情報に基づく危険の予測に関する指導を充実させるなどの改善を行う。

同じく歴史的分野においては、我が国の歴史的事象に間接的な影響を与えた世界の歴史の学習についても充実させるとともに、民主政治の来歴や人権思想の広がりなどの動きを取り上げるなどの改善を行う。

更に公民的分野においては、防災情報の発展・活用に関する指導、情報化など知識基盤社会化による産業や社会に構造的な変化やその中での起業に関する扱い、選挙権年齢の引き下げに伴う政治参加等に関する指導を充実させるなどの改善を行う。

地理であれば「防災」、歴史であれば「グローバル化」、そして、公民であれば「18歳選挙権」といったように、社会の大きな変化に対応できる人材の育成を目指し、それぞれの分野で内容の改善と充実が図られようとしていることが分かります。このように「社会の変化」を前提に内容改善・充実を図る発想は、学習指導要領がこれまでに一貫して行ってきた取組です。しかし、そこには「未来志向」の発想が希薄です。

予測不能な未来社会においては当然のことながら、社会の変化もまた予想できません。そのような社会で求められるのは、「社会の変化に対応する力」ではなく「社会の変化を創造する力」です。その観点から内容改善・充実が図られなければ、社会科授業はまさに時代遅れなものとなります。

2　参考にすべきSDGsの発想

中学校社会科における内容改善を考えるにあたり、参考になるのはSDGsではないかと思います。周知のとおり、SDGsは２０１５年の国連サミットにおいて採択されたもので、国連加盟の１９３カ国が２０１６年から２０３０年までの15年間で達成することを目指した目標です。

ではなぜ、SDGsに注目すべきなのか。理由は三つあります。

第一に、２０３０年以降の望ましい社会を念頭に置き、解決が目指されるべき社会的な課題を取り扱っているからです。

SDGsでは、17の目標を掲げています。「目標1：貧困をなくそう」にはじまり、「目標17：パートナーシップで目標を達成しよう」までの17の目標には、「教育」「エネルギー」「平和と公正」など、社会科授業で扱う教育内容として最適なものが数多く含まれています。教育内容の改善という視点から言えば、コロナ禍を念頭に置き、「目標3：健康と福祉」、真なる男女共同参画社会の実現を願って「目標5：ジェンダー平等」あたりは、今後はぜひ含めて考えるべき内容でしょう。

第二に、地球上で生活するすべての人が共通に対応すべきなのがSDGsであるため、結果としてグローバルな視点が保証されることになるからです。

SDGsでは、主として発展途上国で問題となっているテーマが取り扱われています（特に目標1～6）。しかし、それに留まるものではありません。

取り上げるテーマには、日本をはじめとする先進国において問題になっているものがあります（特に目標7～12）。さらに、地球上で生活する人々が協力しなければ到底解決できない問題も数多く含まれています（特に目標13～17）。

内容改善の観点から言えば、前者に関しては、たとえば「目標12：消費と生産」、後者に関して言えば、たとえば「目標14：海の豊かさ」などがあります。このように、児童・

生徒に社会的課題を自分ごととして捉えさせるためのヒントが、SDGsには数多く存在します。

第三に、SDGsは単に理念的な目標を示すに留まらず、行動目標や指標も示しているため、児童・生徒が具体的な取組をイメージしやすいからです。

SDGsには、17の目標のほかに、合計で169のターゲットが示されています。このターゲットは行動目標です。さらにこのターゲットのなかに、合計で244の指標が示されています。この指標は数値目標です。つまり、SDGsは「目標」「ターゲット」「指標」の三階建てのビルのような構造になっています。

内容の改善と関連付けて言えば、社会科授業で取り上げる内容に、具体的な参加行動をイメージできるような内容を含めるべきです。「目標16：公正と平和」や「目標17：パートナーシップ」などは、内容としてぜひとも取り扱ってほしいものです。

日本政府は、2019年末に「SDGsアクションプラン2020」を発表しました。その骨子は、次の三つです。

一つ目は「SDGsと連携する『Society5.0』の推進」、二つ目は「SDGsを原動力とした地方創生、強靭かつ環境にやさしい魅力的なまちづくり」、三つ目は「SDGsの担い手としての次世代・女性のエンパワーメント」です。これらの観点は当然、今後の内容改善の視点として議論の俎上に上ってくるでしょう。

「誰一人取り残さない世界」を実現するために、私たちには何ができるでしょうか。持続可能な未来社会の担い手としての生徒が、そのような世界をイメージでき、その世界づくりに参画する意欲を喚起できるような内容改善が望まれます。


（唐木 清志）

「見方・考え方」洗練の可能性

【小学校】

1 追究の視点の精査

小学校で「社会的事象の」見方・考え方としているのは、まずは目の前の社会的事象（社会における物事・出来事）を事実・現実としてどう捉えるかを重視しているからです。「社会的な」見方・考え方と称すると、「公共的」「社会性」など見方・考え方のゴールイメージが先走り、目標と混同してしまうからです。

この趣旨は、中学校の地理的分野、歴史的分野でも同様です。公民的分野のみ、それらを総合的に働かせて解釈したり判断したりできることを想定しているため、「現代社会の」見方・考え方としているのです。

すなわち、社会的事象を学習内容として規定している社会科では、その捉え方を想定することも必要です。平成29年学習指導要領改訂の際の中央教育審議会ワーキンググループの資料では、「見方」に対応すると考えられる「追究の視点」を**資料2**のように例示しています。

資料2　追究の視点

	考えられる視点例
小学校社会科	○位置や空間的な広がりの視点 地理的位置、分布、地形、環境、気候、範囲、地域、構成、自然条件、社会的条件、土地利用　など ○時期や時間の経過の視点 時代、起源、由来、背景、変化、発展、継承、維持、向上、計画、持続可能性　など ○事象や人々の相互関係の視点 工夫、努力、願い、業績、働き、つながり、関わり、仕組み、協力、連携、対策・事業、役割、影響、多様性と共生（共に生きる）　など

これらは、「問いに混ぜ込んで活用する概念」といってもよいかもしれません。概念と言っても、学習して最終的に獲得する概念（社会的事象の特色や意味など）ではなく、社会的事象の特色を描いたり意味を説き明かしたりする際に何度も使う概念といったほうがよいでしょう。

ここに例示されている「追究の視点」は、第3～6学年の様々な内容の学習で活用する可能性の高い「汎用性」を重視しています。また、検討資料ですから、どのように授業で使われるかを十分に吟味したものではありません。

したがって、国土学習では、産業学習では、政治学習では、歴史学習では、などともう少し内容に応じた「追究の視点」が考えられるのではないかと思います。

先に述べた、「歴史と人々の生活」のように、第3学年の「市の様子の移り変わり」では「変化」「経緯」、第4学年の「県内の伝統や文化」では「継承」「願い」、「先人の働き」では「人物の働き」「課題解決」、「伝統や文化を保護・活用している地域」では「保護」「活用」、それらが第6学年の「我が国の歴史」で活用され、さらに新しい視点が生まれる、といった接続・発展の過程を少しでも描けるようになるのではないかと思います。

2　考え方の充実

「社会的事象を～比較・分類、総合したり地域の人々や国民の生活と関連付けたり」については、「考え方」にかかわる表現と受け止めることができます。この前半の「比較・分類、総合したり」については、社会科以外の他教科等にも共通して求められる思考方法と言えます。社会科の独自性を主張する点は、「社会的事象を」という目的語です。

したがって、「社会的事象のどのような事項を比較・分類するのか」「どのような事項を総合するのか」「その具体的な方法は」などと実際の授業に即して磨きをかけ、より実際的なものにしていくことが必要であろうと思います。

また、「選択・判断する」際に、その対象を検討・吟味する際の視点についても、精緻化する必要があるのかもしれません。**資料2**の視点の例で言うと「持続可能性」や「共に生きる」などです。

単元の終末に子供が選択・判断する際は、それまでに学んだことを生かして考えることが大切です。したがって、「追究の視点」はそれまでに活用したもの（たとえば：協力、工夫、役割など）を再度活用して選択・判断することは想定できます。

しかし、それだけでは「はじめに結論ありき」「無責任な意思表明」「言いっ放し」「教師主導の解決策」などの指摘に対応する術にはなりません。選択・判断する際の視点をどのように考えたらよいでしょう。

第5・6学年の目標には、「議論する力」を養うことが示されています。

たとえば、「それは誰がすればよいのか（主体）」「本当にできるか（実現可能性）」「どうすればみんなが参加するか（コスト）」「誰のためになるのか（ニーズ）」「どんな課題の解決につながるのか（効果）」「どうすればうまくいくか（効率）」など、**選択・判断の場面における議論につながる「追究の視点」を検討することも、社会科らしい見方・考え方の洗練につながる**のではないでしょうか。

（澤井　陽介）

【中学校】

1　中学校社会科における見方・考え方の現状

中学校社会科における「社会的な見方・考え方」は、地理的分野が「社会的事象の地理的な見方・考え方」、歴史的分野が「社会的事象の歴史的な見方・考え方」、公民的分野が「現代社会の見方・考え方」となっています。「地理」「歴史」「公民」の三分野から構成される中学校社会科は、分野特性を生かした個性的な「社会的な見方・考え方」で表現されているというわけです。

なお、「社会的な見方・考え方」に関しては、小学校から高等学校まで、「社会的事象の意味や意義、特色や相互の関連を考察したり、社会に見られる課題を把握して、その解決に向けて構想したりする際の『視点や方法（考え方）』」という説明のされ方で統一されています。

以上のことを念頭に置き、小学校と中学校三分野の社会的な見方・考え方を記すと、次のようになります。

［対象］は、「何を学習するか」を意味します。
［視点］は、「どこに着目して対象を捉えるか」を意味します。
「方法」は、「どのように考えるか」を意味します。

「対象→視点→方法」は、社会的な見方・考え方を理解する際の基本的な枠組みとなります。

○**小学校／社会的事象の見方・考え方**：［対象］社会的事象を／［視点］位置や空間的な広がり、時期や時間の経過、事象や人々の相互関係に着目して捉え／［方法］比較・分類したり総合したり地域の人々や国民の生活と関連付けたりして

●**中学校地理的分野／社会的事象の地理的な見方・考え方**：［対象］社会的事象を／［視点］位置や空間的な広がりに着目して捉え／［方法］地域の環境条件や地域間の結び付きなどの地域という枠組みの中で、人間の営みと関連付けて

●**中学校歴史的分野／社会的事象の歴史的な見方・考え方**：［対象］社会的事象を／［視点］時期、推移などに着目して捉え／［方法］類似や差異などを明確にしたり事象同士を因果関係などで関連付けたりして

●**中学校公民的分野／現代社会の見方・考え方**：（対象）社会的事象を／［視点］政治、法、経済などに関わる多様な視点［概念や理論など］に着目して捉え／［方法］よりよい社会の構築に向けて、課題解決のための選択・判断に資する概念や理論などと関連付けて

理論上、小・中学校の連続性を意識しながら社会的な見方・考え方が構成されていることが分かります。特に、傍線を引いた［視点］に関しては、小学校と中学校地理的分野及び歴史的分野のつながりは明確です。ただし、中学校公民的分野に関しては、小学校とのつながりという点で課題が残されています。

2 見方・考え方の課題と洗練化の観点

課題を次の三つから述べてみます。また、合わせて、洗練化の観点にも触れます。

第一に、小・中学校の連続性をどう表現するかです。

先に述べたように、理論上は連続性が意識され、社会的な見方・考え方の小中系統性が確保されているように見えます。しかし、各学校種及び分野のそれぞれの「内容」に立ち入って、社会的な見方・考え方の記述方法と内容を見てみると、そのつながりを十分に看取できないことに気付きます。［視点］にあたる「…着目して」という箇所に、その違いを顕著に認めることができるでしょう。この［視点］に関してどう連続性を担保するのか。その表現方法と内容を吟味していくことが、見方・考え方の洗練化にとって重要な観点となります。

第二に、地理的分野、歴史的分野、公民的分野の三分野間において、どう統一性を図るかです。

地理的分野と公民的分野の［視点］は明確に表現されています。特に地理的分野は、位置や分布、場所、人間と自然環境との相互依存関係、空間的相互依存作用、地域の五つを［視点］として選択するとともに、「内容」の特性に応じて、各［視点］をそれぞれ位置付けています。公民的分野においても、地理的分野ほどではないものの明確です。

難しいのが、歴史的分野でしょう。どこまで、地理や公民のように、明確な［視点］を見いだすことができるか。洗練化にとっての重要な鍵を握ります。

第三に、社会的な見方・考え方を、「社会的事象の地理的な見方・考え方」「社会的事象の歴史的な見方・考え方」「現代社会の見方・考え方」の三つで表現しきれるのかです。

地理・歴史・公民の三つは、社会的な見方・考え方を表現するうえでの必要条件にはなるでしょうが、十分条件にはなり得ないのではないかと考えます。特に、公民とかかわる見方・考え方です。

「社会的事象の政治的な見方・考え方」「社会的事象の経済的な見方・考え方」「社会的事象の国際的な見方・考え方」としたほうが、分かりやすいし、小学校との連携も図りやすいと言えます。分野にこだわりすぎることで、失うものもありそうです。

課題は残り、洗練化が必要とされる「社会的な見方・考え方」ですが、その発想そのものは大変興味深いものです。

社会の変化とともに教育内容が変化する社会科において、どのような未来社会が待ち受けようとも、社会的な見方・考え方が変化することはないでしょう。また、社会的事象を理解する際にも、また、社会的課題の解決策を考え、そこから話し合い（議論／討論）を組織する際にも、見方・考え方は有効に機能することになります。さらなる洗練化を図り、社会科授業の充実に努めることが今、求められているのです。

（唐木　清志）

幼保から大学まで見渡す社会科教育の発展可能性

1　他の学校種の議論に小・中学校が学ぶべきところ

社会科は小・中学校の7年間で完結しますが、「公民としての資質・能力」がこの期間だけで育成されるとは到底考えられません。また、他の学校種において議論されていることに、小・中学校の社会科が学べる点もたくさんあります。小・中学校の社会科が見落としていることや軽視していること、さらには、議論が煮詰まり先を見通せなくなっていることに関して、私たちは他の学校種の議論より大きなヒントを得ることができます。

たとえば、幼稚園や保育所で今日盛んに議論されているものに「非認知能力」があります。認知能力はテストの点数や偏差値で測れる力、つまり「結果」で測る力、一方で、非認知能力は数字では表すことができない力、つまり「プロセス」で重要となる力であると考えられます。

「何を学んだかだけではなく、どのように学んだかも大切にする」というフレーズを、私たちは今回の教育改革論議のなかで幾度も耳にしたはずです。もしその理解をより深めたいのであれば、幼稚園教育要領、保育所保育指針、幼保連携型認定こども園・保育要領が２０１７年に改訂されることに伴ってつくられた「幼児期の終わりまでに育ってほしい10の姿」を参考にするとよいでしょう。

この10の姿のなかには、「自立心」「協同性」「豊かな感性や表現」といった、非認知能力と考えられるものが含まれています。「学びに向かう力、人間性等」の理解にはうってつけの教材です。

高等学校における「主権者教育」の議論からも、小・中学校の社会科教師は多くのことを学ぶことができます。そもそも、高等学校の地理歴史科及び公民科を念頭に置かずに、小・中学校の社会科授業について議論することは生産的ではありません。小・中学校における社会科の学びは高等学校でどのように発展するのかを見通すことができなければ、本来、社会科授業は構想できないはずです。

そこで、事例として「主権者教育」について考えてみたいと思います。18歳選挙権が実現され、18歳成人がまもなく実現すると、高等学校における主権者教育の役割はますます重要になります。

選挙に際して政党や立候補者の政策を比較することや、消費者トラブルに巻き込まれないように「契約」を深く理解し適切に運用することが、高校生に求められます。この事実に対し、小・中学校の社会科はどのような貢献ができるでしょうか。小・中・高等学校の社会系教科を主権者教育の観点から再考してみる必要があります。

最後に、大学にも触れておきたいと思います。

２０１９年度の学校基本調査によると、日本の高等教育機関（大学・短大、高等専門学校及び専門学校）の進学率は82・８％です。小・中学校の社会科教師は、高等教育機関で何が起こっているのか、その取組から学ぶべき点はないかと、ここでもまた視野を広げて考えるべきです。

高等教育改革にはいくつも論点がありますが、ここでは「（中央教育審議会答申）２０４０年に向けた高等教育のグランドデザイン」（２０１８年）で取り上げられた「教育の質の保証と情報公表」に注目します。つまり、学習成果の可視化ということです。

育成すべき人材像を明確にする、そのために必要なカリキュラムを開発する、そして、カリキュラムを評価して改善するというPDCAサイクルの発想が、高等教育に導入されつつあります。小・中学校に比して、高等教育における取組は極めて組織的です。学べることはたくさんあります。

2 「K—16」という発想をもつこと

このように他学校種の取組に学びつつも、最終的に小・中学校の社会科教育にもってほしい発想は、「K—16」というものです。Kは「幼稚園（Kindergarten）」、16は「16学年（大学4年生）」を意味します。欧米でシティズンシップ教育を議論する際に、よく使用される言葉です。

小学校3年生にはじまって中学校3年生で終了する7年間の社会科は（「3—9」）、前後の数年間の教育活動とどのように関連するのか。また、どのような系統性の枠組みがあれば、「公民としての資質・能力の育成」の実質化は図られるのか。現状では、そのような意識をもって小・中学校の社会科授業を考えている教師は、それほど多くはないと思われます。

しかし、それは仕方のないことです。学習指導要領及びその解説の提示の仕方にも、問題があります。幼稚園（保育所）、小学校、中学校、高等学校と、個別に提示される学習指導要領等では、その系統性を見いだしづらいからです。もっとも、その課題を克服する努力は継続されています。

小・中学校の解説に参考資料として共通に示された「小・中学校社会科において育成を目指す資質・能力」「小・中学校社会科における内容の枠組みと対象」「社会的事象等について調べまとめる技能」、そして、中高の社会系教科に共通に示された「中学校社会科・高等学校地理歴史科（公民科）において育成を目指す資質・能力」「社会的事象等について調べまとめる技能」は画期的な提案です。

しかしこれでもまだ、小・中学校と中・高等学校とのつながりは見いだせても、小～高のつながりは見いだせません。さらには、幼保と大学と他学校種にいたっては、その端緒すら見いだすことはできません。

小・中学校の社会科教師は、目の前の児童・生徒の将来の市民像をどのようにお考えでしょうか。資質・能力の明確化を目指した議論の過程で見いだされた三つの資質・能力は、どのように培われてどのように発展していくのか、大学卒業後に、この社会において有意な形成者として活躍できる市民を、どのようにイメージしているのか、そのために必要とされる社会科授業を、「K―16」の枠組みから考えるべきです。

（唐木 清志）

おわりに

私の勤務する筑波大学は伝統的に、高等学校教員の養成を主としています。そこで、長期研修生や現職教員大学院生として、これまでに多くの高等学校教員を受け入れ、指導してきました。そのような高等学校教員にお薦めするのが、小学校の授業を参観し、授業研究会に参加することです。小学校の教師の手によって編まれた図書を読むことも薦めています。

なぜか。

そこで話されたこと、書かれたことが、同じ社会科（地理歴史科・公民科）であっても、小高の間でずいぶんと異なることを感じてほしいからです。そして、高等学校の社会系教科に足りないものを、小学校の社会科に見いだしてほしいからです。

小学校と高等学校ほどでないにせよ、小学校と中学校の間にも、同じ社会科でありながらいくつかの違いがあります。授業研究会での協議を取り上げ、その違いを説明してみましょう。

小学校の教師は、社会科授業を「子供の姿」から検討することを望まれるようです。

授業研究会に参加すると、授業中の子供の発言や、ノートやワークシートに書かれたことが検討の材料になっています。

一方で、中学校の教師は、社会科授業で取り上げた「教材の本質」にこだわる傾向にあります。もちろん、「子供の姿」を無視するわけではないのですが、教材解釈が正しいのかどうかという点は、中学校の教師にとってはなくてはならない観点なのだろうと感じています。

「子供の姿」に関心を寄せる小学校教師と「教材の本質」に関心を寄せる中学校教師、この構図は「主体的・対話的で深い学び」や「社会的な見方・考え方」を重視する昨今の教育改革のなかで、よい意味で崩れつつあります。

「子供の姿」と「教材の本質」は、社会科の授業づくりを考えるうえではどちらも大切にすべきことです。両者が統合されることではじめて、社会科の授業はつくられ、評価されるのです。

しかし、まだまだ真の意味での「一貫性」は図られていません。その実現のためには何よりも、教師の意識改革が必要です。さらには、学習指導要領の示し方にも不十分な点がいくつか見られますので、この改革もいずれは必要になってくるでしょう。

本書のタイトルには「小中社会科」という言葉があります。実はこの言葉を付した図書は、これまであまり出版されてきませんでした。「小学校社会科」と「中学校社会科」は別物に取り扱われ、一部の理論書を除けば、先生方に読まれる一般図書としてはニーズがなかったことが原因です。そのような意味で、本書は「改革の書」です。

社会科のあり方を未来志向で考える際に、本書が多くの先生に読まれることを期待しています。

令和3年8月吉日　筑波大学　唐木　清志

執筆者一覧

○：編著者／順不同

○	澤井 陽介	国士舘大学教授
○	唐木 清志	筑波大学教授
	針谷 重輝	平成国際大学非常勤講師
	石井 正広	東京都新宿区立四谷小学校校長
	池下 誠	元東京都練馬区立大泉西中学校教諭
	関 裕幸	東京都立小石川中等教育学校主幹教諭
	三枝 利多	東京都目黒区立東山中学校主任教諭
	宗實 直樹	関西学院初等部教諭
	横田 富信	東京都世田谷区立経堂小学校指導教諭

澤井 陽介（さわい・ようすけ）

国士舘大学教授

昭和35年・東京生まれ。社会人のスタートは民間企業。その後、昭和59年から東京都で小学校教諭、平成12年から都立多摩教育研究所、八王子市教育委員会で指導主事、町田市教育委員会で統括指導主事、教育政策担当副参事、文部科学省教科調査官、文部科学省視学官を経て、平成30年4月より現職。

唐木 清志（からき・きよし）

筑波大学教授

昭和42年・群馬生まれ。筑波大学大学院を修了後、平成7年から静岡大学に勤務。その後、平成16年に筑波大学へ異動、現在に至る。関心のある研究テーマは「社会参加」。校種を問わず、子ども・若者の社会参加意識を高められるカリキュラムづくり・授業づくりについて、研究を続けている。

小中社会科の授業づくり
社会科教師はどう学ぶか

2021（令和3）年 8月30日　初版第1刷発行
2022（令和4）年 1月31日　初版第3刷発行

編著者　澤井 陽介
　　　　唐木 清志
発行者　錦織圭之介
発行所　株式会社　東洋館出版社
　　　　〒113-0021　東京都文京区本駒込5-16-7
　　　　営業部　電話 03-3823-9206／FAX 03-3823-9208
　　　　編集部　電話 03-3823-9207／FAX 03-3823-9209
　　　　振替　00180-7-96823
　　　　URL　http://www.toyokan.co.jp
装　幀　中濱健治
印刷・製本　藤原印刷株式会社

ISBN978-4-491-04382-1　Printed in Japan